ジョセフ・マーフィー 91の金言

# 潜在意識マスターの教え

J・マーフィー・トラスト公認グランドマスター
井上裕之

青志社

# はじめに

「成功や富、愛情、健康など、
欲しいものをそのまま強く思い、
潜在意識に向かって願えばいいのです。
潜在意識には、思い浮かべたことを
そのまま現出する力があるのです」

（『眠りながら奇跡を起こす』より）

しかし……。
成功を願うと、失敗する恐怖が湧き上がります。
仕事の成果を願うと、不達成の不安が頭をよぎります。
良い人間関係を願うと、嫌いな人の顔が思い浮かびます。
試験の合格を願うと、報われない努力の苦しみを感じます。
健康を願うと、病気になる心配が生まれます。

欲求と想像力の2つが争うとき、必ず想像力が勝ちます。後ほど詳しくお話ししますが、これは潜在意識の「逆努力の法則」と言います。

つまり、ポジティブな願望とネガティブなイメージが同時に浮かんだ場合、潜在意識はネガティブなイメージを現実化させるように働くということです。

これが、多くの人が、いつまでたっても願望を実現させられない理由です。頑張ろうとすればするほど、悪い現実が形づくられる理由です。

では、どうすればいいのか。それに答えているのが本書です。

**▼91の金言から「仕組み」「法則」「使いこなし方」まで解説**

「ポジティブな願望を持ち、ポジティブなイメージを持つ」

これが願望達成の秘訣です。あなたの中にある無限の力を信じて、ただただ「望みは絶対にかなうと信じればいい」のです。あなたは今、「そんなことで願望がかなったら苦労しない」と思いましたね？　これから本書では、あなたが「潜在意識の力を確信し、潜在意識を使いこなし、理想を実現する」方法を紹介していきます。

具体的には、潜在意識の世界的権威であり、自己啓発の源流である**ジョセフ・マーフィー博士の91の名言をご紹介しながら、潜在意識の「仕組み」「法則」「使いこなし**

**方」を解説していきます。潜在意識は個人の無意識の心の中に存在する思考、行動、願望などの構成要素となっています。**

ジョセフ・マーフィー博士の著書は、『眠りながら成功する』『眠りながら巨富を得る』など、日本でも大ベストセラーとなっています。マーフィー博士の教えは、100年以上学び続けられています。

私は、世界初のジョセフ・マーフィー・トラスト公認グランドマスターです。潜在意識の専門家ですから、安心して読み進めてください。

## ▼96％を支配する潜在意識を使いこなして、成功しかない世界を生きる

一般的に、意識には「顕在意識」と「潜在意識」があるとされています。諸説ありますが、その割合はおおよそ、顕在意識4％、潜在意識96％と言われています。

私たちは、ほとんどのことを無意識に行なっているということです。

また、**潜在意識はエネルギーであり、知識の貯蔵庫でもあります。**

量子力学では、「物質はエネルギーの移動」と考えるのが主流となっています。エネルギーが生命体として物質化したのが人間です。生命の本質はエネルギーであるため、潜在意識には無限の力、エネルギーが宿っています。

さらに、知識の貯蔵庫の中には、あなたが今まで得てきた知識と経験が収納されており、問題を解決するための知恵が保管されています。

もし、解決策がまだ入っていない場合は、潜在意識は貯蔵庫にその知識を入れるために、猛烈に獲得に動いてくれます。そのため、解決策は必ず用意されます。

潜在意識は、「達成のエネルギー」と「問題の解決策」そのものである、ということです。だから、願望は実現します。

潜在意識は顕在意識の影響を強く受けます。意識的に考えたこと、つまり顕在意識が、無意識層である潜在意識に溜まっていくからです。

だからこそ、潜在意識にはポジティブな要素をたくさん溜めましょう。そうすると、**無意識レベルで成功するための選択と行動ができるようになります。**成功しかない世界を生きられるようになります。

本書は、あなたが自然とポジティブな要素で満たされるように仕掛けをしました。読み終える頃には、積極的な精神に満たされていることでしょう。

**▼過去の失敗と未来の成功には、なんの関係もない！**

あなたは今、仕事、お金、人間関係、健康などで、何かしらの願望を持っていると思います。

それは、マイナスを0へ戻すような願望かもしれませんし、0を100にするような願望かもしれません。

ここで言えるのは、潜在意識の法則を知らないと、どちらの願望を持ってもあなたは苦しむかもしれないということです。

人はリスクから逃れるために、**新しいことをするときには、過去の失敗の記憶を思い出す仕組みになっている**からです。ネガティブなイメージをくり返し味わうのです。

ここで、知っておいてほしいことがあります。未来と過去は全く関係ありません。過去の失敗と、未来の成功にはなんの関係もありません。

今日から、過去にとらわれるのをやめて、未来志向になってください。

潜在意識は、「〇〇だから、△△になる」という仕組みを持っていません。「英語が得意だから翻訳家になる」というのは顕在意識的な考え方です。

潜在意識は、「翻訳家になると決める → あなたに必要な能力、情報、環境を得させる」という仕組みになっています。

未来に希望を持ったとき、潜在意識はポジティブに働きます。本書を読めば、希望ある未来に意識を向けることが可能になります。

潜在意識は、過去ではなく、未来を重視するのです。

## ▼1日1分の習慣で、マインドが変わる！　自分が変わる！

先に、潜在意識は、顕在意識の影響を強く受けるとお話ししました。

そこで、本書では、**願望を定期的に意識できるようにしました。**願望を明確にし、意識する回数を増やすと潜在意識は働きます。

本書は右ページに名言を載せ、左ページでその解説を行なっています。1分ほどで読めます。毎日一つだけでも名言を読むと、**願望を意識し、繁栄、成功、幸福のマインドがあなたの中に満たされます。**

すると、「自分はすでに理想を実現している」という感覚になり、これが、達成の速度をより速めます。

私は潜在意識の力を活用したことで、価値ある人生を歩むことができています。

著者として15周年を迎え、85冊以上の本を出すことができました。歯科医師としては、ニューヨーク大学との共同プロジェクトが20周年を迎えました。

仕事は順調ですし、肉体も精神も万全の状態です。

しかし、60歳となった今、「まだまだ成し遂げたいことが残っているな」というのが本音です。

知人はもちろん、著名な方々に接すると、「こんなことまで達成しているのか！」と驚きます。そして、私ももっと人生を繁栄させたいと思います。

私は歯科医師という仕事柄、科学的、論理的ということを重視してしまいがちです。そのため、まだまだ潜在意識の力の発揮にブレーキをかけてきたのだと思います。

60年の人生を振り返ると、論理を超えて達成を確信していたときほど、大きな成果を得てきました。「どうすれば達成できるか？」より「絶対達成する！」が大事です。

マーフィーの成功法則の醍醐《だいご》味《み》は、夢の現実化を100％信じることです。とてもシンプルですが、人生経験を重ねると奥深さを感じます。

本書を書きながら、私はマーフィーの法則を100％実行しようと決意しました。

一生を終える日を迎えるまで、私と私に関わるすべてを繁栄させ続けると決意し、あなたと一緒に前進していきたいと思います。

潜在意識は誰もがすでに持っています。「法則」と「使い方」さえ知れば、あなたも恩恵を受けられるのです。それでは、リラックスして1章からお読みください。

井上裕之

## ジョセフ・マーフィー博士を初めて知った人へ

ジョセフ・マーフィー博士は、1898年にアイルランドで生まれました。神学校に入学しますが、10代後半で退学します。その後、アメリカ市民として第二次世界大戦で陸軍に入隊しました。

除隊後、アメリカ国内外の大学でいくつかのコースを取り、司祭となりロサンゼルスを拠点に教会ビジネスを成功させました。神学、法学、哲学、薬理学、化学の博士号も持っています。

精神法則に関する世界的権威であり、ヨーロッパ、アメリカ、オーストラリア、日本など、全世界で精力的に潜在意識の活用法について講演を行ないました。

多数の著書を執筆し、マーフィー博士の教えは世界的に知られています。1981年に逝去しましたが、その著書は、長年読み継がれ、現在でも各業界の成功者たちから信頼を集めています。

本書で、ぜひ、マーフィー博士が説く「潜在意識の法則」を知っていただき、あなたの願望を実現させてください。

潜在意識マスターの教え

# 目次

# 3章

## リセットして新しい自分になる！

▼今日からできる潜在意識の書き換え方

# 4章 潜在意識をとことん使いこなす！

## ▼常にポジティブな感情で生きるには？

## 5章 グランドマスターが教える潜在意識の秘策

▼無意識の「行動」と「選択」の質を上げるには？

# 6章 一直線にゴールに向かう！

## ▼もう迷わない。積極的精神で前進し続ける

# 7章



## 成功と幸福しかない世界を生きる!

### ▼あなたは欲しいものをすべて手に入れられる

# 1章

# あなたはすでに、無限の力を持っている！

▼成功、富、幸福、健康を引き寄せる潜在意識の威力

# 1

あなたはこの力を獲得する必要はありません。
すでにもっているからです。

▼▼▼

私たちは、富、健康、幸せを
得るようにプログラムされて生まれてくる

## ■潜在意識の力を使えば、瞬間的に独創的なアイデアが降りてくる

潜在意識の力を使えば、富、健康、幸せ、願望を実現させることが可能です。

しかも、これは、あなたが努力して獲得する必要がありません。なぜなら、誰もが生まれながらに持っているからです。

この存在を知らない人が大多数ですし、その使い方を知る人はごく少数です。人生のさまざまなカテゴリーで潜在意識を活かせるように、これから学んでいきましょう。

私自身、マーフィー博士が説く法則を初めて学んだときは「こんな世界があるのか」と驚きました。私は、潜在意識の存在を感じる経験をたくさんしてきました。

たとえば私は、なぜか、講演会の最後に行なわれる参加者からの質問にうまく答えられます。ぶっつけ本番なのですが、瞬時に答えを導き出せます。

質問者は、一般論で自分の問題を解決してもらいたいとは思っていません。過去の成功者の事例を使って、解決策を示してもらいたいとも思っていません。

「自分のためだけの答えを与えてほしい」のです。私は、何人から同じ質問をされても、答えはすべて違っていなければならないと考えています。

私はいつも、瞬間的に質問者のための答えを用意することができます。これは、潜在意識の力によって導かれているとしか説明できないのです。

# 2

「自分の潜在意識の中にある指導原理は、まっすぐに隠された富に導いていってくれるのだ」

▼▼▼ 当たり前のことをプラスに感じると、富裕マインドが根付く

## 1日に何度も感動する習慣を持とう

どうすれば富を得られるのか――。それは、心を変えることで達成されます。欠乏のマインドを打ち消し、富裕マインドで生きること。

潜在意識は、無限の知性、知恵であり、エネルギーです。潜在意識は、この世にある問題をすべて解決する力を持っています。心がいい状態ですと、その力は存分に発揮されます。そして、潜在意識はみんなの心の中にあります。あなたも豊かな人生を送るための無限の力をすでに持っているのです。

私は、当たり前のことを、当たり前だと捉えないようにしています。当たり前のことでも、それができたらプラスマイナスゼロではなく、プラスだと感じるようにしているのです。「よくできた！」と感じるようにしています。

これは自分にだけではなく、誰に対してもそう思うようにしています。だから、私は1日に何度も感動しています。

スタッフが夜間の手術を手伝ってくれる。積極的に予約をとってくれる。私に「何か他にやることはありませんか？」と聞きに来てくれる。

仕事だから当たり前だろうという意見もあるかもしれませんが、とてもうれしく感じます。欠乏のマインドではなく、心が満たされる習慣を持ちましょう。

# 3

▼▼▼ 浄化するタイミングは今！

潜在意識に刻印された印象や信念が、
人生を支配するのです。

## ■高校受験を失敗したから得られたメリット

幼いころの無力感や劣等感は、潜在意識の深い部分に刻み込まれます。そして、大人になってからの人生にまで大きな影響を与えます。

ネガティブな要素が潜在意識の奥深くに溜まっていると、理想とは真逆の人生を現実化するように、選択と行動を行なっていくようになります。健康、仕事、経済、人間関係……、あらゆる面で人生が八方塞《ふさ》がりになるでしょう。

しかし、潜在意識を浄化し、良い状態にするのは難しくありません。マイナスの中から、プラスを見つけ出せばいいからです。

私は高校受験に失敗しました。自分を過信したのです。ただ、失敗はしましたが、その後の人生では、能力を過信することなく過ごすことができています。自信があるときほど、慎重に動くようにしたからです。

これは、子供時代の痛みからプラスの要素を見つけ出した良い例だと思います。

問題が起こったら向き合ってください。逃げると、リセットすることなくその後の人生を送ることになります。

問題と向き合うと決めただけで、潜在意識の浄化はほとんど完了している、と言ってもいいと私は考えています。

# 4

あなたの潜在意識の深いところには、無限の知恵と無限の力をそなえ、必要なものは何でも供給してくれる無限の源がひそんでいて、それは開発され、表現されることを待ち受けているのです。

▼▼▼

## 潜在意識は、あらゆる問題をラクラク解決する方法を知っている

## ■戦略戦術よりも「確信」と「情熱」が大事

あなたの中には、無限の可能性が眠っています。

あなたの中にある知性は、あなたの問題を解決し、あなたの欲しいものを、いつでもどこでも手にする方法を教えてくれます。

潜在意識は、望む地位、人生を達成するべくあなたを導きます。

目には見えませんが、確実に存在する素晴らしい力を信じましょう。

潜在意識の存在を確信し、力を信じ、明確な目標を伝え、成果を待つだけでいいのです。思想、アイデア、人とのつながり、お金、すべてが与えられます。

私自身、潜在意識の働きに助けられ、さまざまな目標を達成してきました。価値ある人生を歩む軌道《きどう》に乗ったと考えています。

緻密《ちみつ》な計画を立て、用心深く行動して成果を得たこともあります。しかし、達成するという信じる心を持ち、達成する力を自分は持っていると確信し、突き進んだときほど大きな成果を得ました。達成の戦略戦術にこだわらず、ただ達成すると確信し、情熱を持って突き進むといい結果が出るのです。

留学するとき、出版するとき、どちらも簡単な状況ではありませんでした。しかし、思いがあれば、必要なものが用意され、整えられるのです。

# 5

## あなたの潜在意識にうるさくあれこれ言うことはやめなさい。

▼▼▼「いつ」「どこで」「どのように」と心配になったら注意！

## ■信念があれば、達成の方法はわからなくていい

潜在意識は、全知です。

あなたが成功、健康を望むとき、問題解決を望むとき、すべていい方向へ導いてくれると確信を持ってください。潜在意識に命令したことはなんでも現実になります。

潜在意識にすべてを任せられたかは、あなたの顕在意識の働きでわかります。「どのように？」「いつ？」「どこで？」「どんな方向から？」という顕在意識的な考えが浮かぶうちは、潜在意識の力を信じていないということです。

達成の方法や達成までの日数が気になって、イライラ、クヨクヨ、ハラハラしているうちは、自分の中の無限の力を信頼できていません。

潜在意識にすべてを任せると、絶妙のタイミングで、あなたの欲しいものを得られるように導いてくれます。

私自身、振り返ってみると、絶対にかなうと信じて、やみくもに頑張ったことは大きな成果となりました。戦略、計画を立てて進んで得た成果も確かにありますが、「必ずかなう、絶対に。やり方はわからないけど懸命に」というときのほうが成果のレベルが高いのです。目標達成とは本来、未知の世界で何かを得ることです。達成の方法がわかっているというのはおかしいのです。

# 6

何でもいいから『わたしは～である』と強くイメージしましょう。

▼▼▼ 潜在意識は、「○○だから△△」とは考えない

## ■「〇〇になる！」と決めると、人も環境も情報も整う

たとえば、潜在意識は「私は豊かである」という指令を受け取ると、それを全力で実現させようとします。

「私は〇〇である」を実現しようとする法則があるのです。

つまり、潜在意識は、顕在意識で考えたり、発したことを、すべて受け入れていきます。「私は〇〇である」という思考は、それが望ましいことであろうと、不都合なことであろうと現実化します。

潜在意識は、「〇〇だから△△」とは考えません。

たとえば、「英検1級だから、英語教師になる」は顕在意識の考え方です。

「英語教師になる」、こう決めると必要な知識、人、環境を整えるのが潜在意識です。

過去の実績を必要とせず、選択肢を狭めません。

何かを決めた瞬間に、必要なものの獲得に動き出すのです。

私は「本を出す」と決めたことで、実際に1冊目の本が出せました。

出版の知識はありませんでしたが、決めたことで自然と必要な情報が集まってきて、行動が促《うなが》されました。結局、人も環境も整ったのです。

# 7

あなたの経験、出来事、状態、行為などは、
すべてあなたの考えていることに対する
あなたの潜在意識の反応です。

▼▼▼「跳ね返ってくる仕組み」を利用して、
価値ある人生をつくる

## ■どん底のときにこそ、いい種をまいておく

刑務所で私の本を読んで、もう一度頑張ろうと決意した。自ら命を断とうと思っていたけど、井上先生の本を読むことで生きる力が湧いてきた。

こういう声をいただきます。本を書き、出版して、多くの人に生きる価値を与える、それは形を変えさまざまな結果となり返ってきます。

そして、私の価値ある人生を形成します。善なる行動を重ねていれば、必ず良い結果が与えられる。良い種をまけば、美しい花が咲いたり、おいしい実がなります。

自分の都合の良いように、自分だけが得するように生きると、ネガティブなものが自分に返ってきます。

あなたの信念が結果を現実に生み出します。あなたの経験、出来事、状態、行為は、すべてあなたの考えたことが現実化しているのです。

ネガティブなことでもポジティブなことでも、潜在意識はあなたの指示通りに現実をつくります。

この真理を忘れないでください。

願望を明確にして、積極的に与え、前進する気持ちを持ってください。そうすれば、奇跡を起こすこともできます。

# 2章

# 潜在意識を浄化する！

▼心の状態をニュートラルにして能力の発揮を促そう

# 8

あなたの潜在意識は印象を受けたこと、あるいは意識的に信ずることを受け入れます。

▼▼▼ なぜ、思いっ切り大きな目標を持つほうがいいのか?

## ■遠慮しない人だけが奇跡を起こす！

潜在意識は判断をしません。

あなたの考えに対して「いい悪いの判断をしない」ということです。あなたの指示に応じて動きます。

「あなたがあることを意識的に本当であるとすると、たとえそれが間違っていても、それに従って、必然的に結果を出し始めるのです」とマーフィー博士は言います。

潜在意識の法則では、あなたの信じることは現実になるのです。

あなたの願望をかなえてくれるのですから、せっかくなので大きな夢を設定しましょう。

私たちは、子供の頃から小さな目標を設定し、一つひとつクリアして高みに上っていくように教育されています。しかし、潜在意識の法則はそうではありません。大きな夢の達成を決意したら、大きな舞台が用意されて、現実化されるのです。

あるとき、「井上先生、今、誰と講演したいですか？」と尋ねられました。ちょうど私は経営コンサルタントの資格を取ったところだったので、「船井幸雄さん！」と大物コンサルタントとの共演を希望しました。そして、それは実現しました。

なんと、そこに来ていた編集者の方が、私に1冊目の本を出版させてくれたのです。

# 9

# 富裕感が富裕を生み出すのですから。

▼▼▼ 増加を願う心が、富を引き寄せる

## ■自分の雰囲気が「変わったかもしれない」と感じた瞬間

私は豊かなマインドになるために、いい環境に身を置くようにしています。

一流の場所にいる人たちの雰囲気を、自分も身にまといたいからです。成功、富、繁栄をすでに手にした人ばかりがいる場所になるべく行ってみることにしています。

ニューヨークのティファニー本店に、友人の医師の方と行ったときのことです。私とその先生は別室に通され、飲み物を提供してもらいました。

このとき、私は、「もしかしたら、一段上の雰囲気を身にまとえたのかもしれない」と感じました。豊かなマインドで生きられているのだと感じた瞬間です。友人の先生も雰囲気のある方ですから、相乗効果で私達に一流の接客をしてくれたのでしょう。

あなたもエネルギーの高い場所に出掛けて、豊かな雰囲気を身にまとってください。すべてのことに関して、増加することを考えましょう。あなたはすでに成功し、豊かな人生を送っていると考えてみてください。

あなたが注意を向けたことは、心の中で成長し、拡大していきます。

どんなことでも増える、と考えるのです。減る、不足していると考えてはいけません。自分の幸せの増加を願い、他者の幸せの増加を願いましょう。他者の増加を祈ることは、自分に増加をもたらすのです。

# 10

自分に無限の力が備わっていることを
忘れないでください。

▼▼▼
7年分の勉強を
4年間で完了させた「信じる力」

## ■人は1日4・5万回もネガティブなことを考えている!?

私は大学院を4年間で修了しようと考えていました。しかし、当時、私の通っていた大学院は6、7年をかけて修了するのが常識でした。「4年で修了など無理だよ」と、多くの人に言われました。

一説によると、人は多いときには1日4・5万回もネガティブなことを考えているのだそうです。それでは、自分の可能性など信じられるはずがありません。

私は「決めること」が、可能性を信じることにつながると考えています。

私は4年間で修了すると決意したときに、研究で早く成果を出すため、「お酒を飲まない」「できないというネガティブな思考をしない」と決めました。

決めると、捨てることが定まりました。必然的にやるべきことが明確になり、ゴールまでの筋道が見えてきて、無事に4年で修了できました。

私たちには無限の力が備わっています。しかし、他人からのネガティブな刷り込みは、その力の発揮を妨げます。

他人の否定的な言動は、私たちにネガティブな思考、感情を湧き起こらせ、潜在意識の働きを妨げます。注意しましょう。

# 11

潜在意識に対しては、
権威と確信をもって話しかけるようにしなさい。
そうすれば、
潜在意識はあなたの命令を聞くでしょう。

▼▼▼「私は健康だ」と
絶対的な確信を持ち命令する効果

## ■結果が出ていることは、理屈抜きで実践してみることが大事

潜在意識は、あなたが寝ている間も、心臓の鼓動を続けさせ、呼吸、消化などを行なっています。

不安や恐怖に満ちた心は、体の正常な働きを妨げてしまいます。

心が乱れたときは、いったん、休んでください。緊張をゆるめ、リラックスしてください。気持ちが落ち着くのを待つのです。

思考が正常になり、体の機能が正常になることを確認してください。

そして、潜在意識に対して、権威と確信をもって話しかけてください。すると、潜在意識はあなたの命令を聞いてくれます。

心の状態を整え、威厳と確信を持ち命令する。すると潜在意識は、あなたの健康を保つように働きます。

「私は健康になりたい」では暗示が届きにくい。「私は健康だ」と絶対的な確信を持ち命令するようにしてみてください。

マーフィーの法則は、どこまで法則を信じ切れるかがカギです。結果が出ている法則なので、理屈で考えずに実践するのみです。

信じて、確信を持って、潜在意識に願いを刻み込んでください。

# 12

他人のものをほしがったり、うらやんだりすると、損失や制約を引き寄せてしまいます。

▼▼▼ 他人の物を、奪わない、欲しがらない

## ■力は常に〝2方向〟に使うことができる

たとえば火は、料理をつくったり、エネルギーとなったりとメリットがあります。一方で、火事を起こしたり、人を傷つけることがあります。

つまり、力はいい方向、悪い方向の2通りに使うことができるのです。

他人のものを欲しがってはいけません。それは、あなたの心の力を悪い方向へ使うということだからです。

他人のものを欲しがるということは、「あの人は持っているのに、私は持っていない」という、欠乏感を心に刻み込むことにほかなりません。

たとえば、「あの人の地位が欲しくてたまらない」となったら、同じような報酬で同じような権限がある、似たような地位や職業を探してみましょう。奪おうとしたり、うらやんだりしてはいけません。

また、他人をうらやんだり、奪うときに生まれるのはマイナスのエネルギーです。憎んだり、後ろめたかったり、誰かを傷つけたり……。見ないようにしていますが、心の底では悪いことを考えていると自分はわかっているのです。

そのネガティブな感情は、当然、潜在意識に悪い影響を与えます。

# 13

あなたが習慣的に考えることは何であれ、
あなたの潜在意識の中に沈み、
潜在意識はあなたの思考の性質に応じて
創造を行ないます。

▼▼▼

たった一度、
ネガティブ感情が湧いたからといって絶望しなくていい

## 一回でも多くポジティブに考えられれば勝ち!

顕在意識で考えた思考は、潜在意識に積み重なり、あなたの選択と行動に影響を与えます。ネガティブな思考はネガティブな現実を、ポジティブな思考はポジティブな現実を生みます。

潜在意識は、どちらの考えでも受け入れると、現実化のために動き出します。だからこそ、調和的で建設的な考え方をするように習慣化しましょう。成功、健康を引き寄せるのは、いつもの心のあり方なのです。

自己啓発を学び始めた人がとても悩んでしまうことがあるようです。それが、一度でもネガティブなことを考えると、すべてが台無しになってしまうという考え方です。常にポジティブでなければならない。成功について学び始めたときにはこう思い込んでしまう人が多くいます。

しかし、人間なら常にポジティブであることは不可能です。人間は、リスクを避けられるようにネガティブな思考をする仕組みを持っています。

ネガティブな感情は打ち消せばいい。打ち消した後にポジティブな考えができれば上出来です。

ネガティブよりも一回でも多くポジティブに考えられれば勝ちなのです。

# 14

## あなたの持っているお金を気前よくお使いなさい。

▼▼▼ クロムハーツのライダースが、12年間の健康と収入を支えてくれた！

## ■気持ち良く使ったお金は、増えて戻ってくる

不足を絶対に語ってはいけません。景気が悪いとか、GDPが下がったとか、株価が下がったとか、そういったニュースに関して話すことですら愚かです。

給料は上がらないだろから節約していこう、なるべくリーズナブルなものを購入していこう、そう考えていると潜在意識は貧しさを維持しようとします。

どんなに今持っているものが少ないとしても、あなたの今受けている恩恵だけを数えてください。富を確認してください。気前よくお金を使ってください。心が喜ぶお金の使い方をしてください。そういう態度で日々生活することで、良いものを引き寄せ、収入の面も増大していきます。富裕の心が、富裕を生み出すのです。

私は48歳のときに、クロムハーツの赤いライダースジャケットを購入しました。高価な品物だったのですが、これを還暦のときに着ようと考えたのです。

そのときに思ったことは、「これは体を鍛えないと60歳のときに着られないぞ」ということでした。また、「仕事で勢いがないと似合わないな」ということでした。

私は実際にこのライダースを着て、還暦記念のパーティに参加しました。

私は気に入った高価なライダースを購入したことで、12年後までの仕事の繁栄と健康を手にしたのです。

# 15

潜在意識は「〜は〜である」という前提だけを頼りに結論を導き出します。

▼▼▼「理想の未来の設定」＋「エネルギーが湧く暗示」＝達成

## ■ポジティブな前提を設定する

『潜在意識は、「集めた情報を分解して、もっともらしい結論を導き出す」という思考回路を持たない』とマーフィー博士は言います。また、潜在意識は暗示の影響を強く受けるとも語っています。

つまり、潜在意識は、「〜は〜である」という前提（暗示）を頼りに現実をつくるということです。たとえば、「私は幸せである」と暗示を自分にかけると、その前提で結論を導き出すわけです。

ポジティブな未来の前提を設定すれば、失敗の情報や間違った知識を収集することもありません。だからこそ、あなたの理想の「〜は〜である」を潜在意識に刻み込むことが重要です。

私はそれに追加して、「天地宇宙のエネルギーが自分に降り注がれている」と意識するようにしています。エネルギーが見えるわけではないのですが、心身共に力が湧いてきます。「理想の未来の設定」＋「天地宇宙のエネルギーが降り注がれている」という意識」。この2つを組み合わせて前進すると、いい結果が出ます。

# 16

# 潜在意識は議論することができません。

▼▼▼ あなたと潜在意識は
絶対にケンカできない!

## ■潜在意識は、あなたの思考を絶対に否定しない！

幸か不幸か、潜在意識はあなたと言い争うことができません。あなたの言うこと、考えに忠実です。

あなたが間違った暗示を与えると、大まじめにそれを実行し、現実化します。「あなたは間違っているから、それはやめなさい！」と注意してはくれないのです。

しかし、人は誰もが間違います。間違った暗示を与えてしまった場合は、ポジティブで創造的な考えをくり返し行なうことです。

ネガティブなことを考えてしまったら、いったん思考のスイッチを切ることが大切です。

では、どうすればいいのか……。何かに夢中になる。これが一番です。

読書でもいい、ゲームでもいい、筋トレでもいい、歩くでもいい、なんでもいいので集中できることを、いったんやってみてください。そうすると、ネガティブスパイラルを切ることができます。

潜在意識は、いいことも悪いことも、あなたの考えたように実現させます。だからこそ、ネガティブな暗示を入れてしまったら、それを浄化して、ポジティブなものをどんどん入れる必要があります。

# 17

「これらの書かれた願いはすべて
各人の潜在意識の中に書きこまれ、
その願いはすべて
神の法と秩序に従って実現します」

▼▼▼「欲しいものを紙に書くとかなう」って本当?

## ■一度書いたら、何度も成功を味わえるメリット

マーフィー博士は、毎年大みそかの夜、ある会合の司会をしていました。その会に集まった人は、自分の心からの願望を書き出すことを習慣にしていました。

書き出した願望は、次の1年間で多くのことが現実となりました。潜在意識が願望を実現してくれると信頼して書いたことで、現実化されたのです。

書いたことを実現させた秘訣は、願望を書いた後にみんなで、

「これらの書かれた願いはすべて各人の潜在意識の中に書きこまれ、その願いはすべて神の法と秩序に従って実現します」

とお祈りしたことでした。

紙に書く重要性は、多くの成功プログラムや自己啓発書で語られています。私も過去に一度、試しにやってみようと、目標や欲しいものを紙に書いたことがあります。

実は、紙に書いていたことを忘れて、だいぶ時間が経ってから思い出して見てみたのですが、大体のことは達成したり、手に入れていました。

忘れていても効果があるのですから、目に付く場所にはっておいて、定期的に見るともっと効果があっただろうなと思ったものです。書いて成功を意識する、見て成功を意識する、くり返し成功を味わうこの力は強力です。

# 18

▼▼▼ 体の回復が早い人、回復が遅い人

この話は、信念とイマジネーションの力がいかに強いかを物語っています。

## ■嘘も信じ込めば大きな力となる

『マーフィー　世界一かんたんな自己実現法』に書かれていたお話です。いい悪いは置いておいて、潜在意識の威力を知るためにおつき合いください。

心霊治療師が、聖者の遺骨と言われている骨を購入し、「この骨に触れると病気が治る」と患者さんに伝えました。すると、多くの人の病気が治ってしまったのだそうです。のちに、その骨を調べたところ、犬の足の骨だったことがわかりました。

これは、信じてポジティブなイメージをすると、潜在意識が働くことを証明しています。

心は、体の状態にまで影響を与えるのです。心はそれほど強い力を持っています。これは、私もよく目の当たりにしています。

インプラントの治療をした患者さんでも、回復力に違いがあるように私は感じているのです。「インプラント治療をして、おいしいものを食べるぞ!」と思っていらっしゃる方は、きれいに早く回復する印象を持っています。

手術に対して、ポジティブなイメージを持っている人のほうが、ネガティブな人より、手術前から術後までスムーズに進むことが多いように感じています。

# 19

あなたの潜在意識は土壌のようなもので、
良い種子でも悪い種子でも、
まかれた限りは何でも成長させます。

▼▼▼

ポジティブな考え↓ポジティブな心
↓ポジティブな結果

## ■相手の自己肯定感が高まる言葉を投げかける

私たちは、思考をくり返すことで、潜在意識に種をまいています。自分がまいた種によって、体や環境に成果が生じます。

当り前ですが、タンポポの種からひまわりは咲きません。ネガティブな種からポジティブな出来事は生まれません。逆に、ポジティブな種から、ネガティブな出来事は生まれません。この種は、まさしく心、もっと言うとあなたの考え方です。望ましい現実だけが現れるように、自分の思考には気をつけましょう。

人間関係においてもそうです。私は、メールでもSNSのメッセージでも、会話でも、相手の自己肯定感が高まるような声がけをするようにしています。

知り合いの先生の講演を聞いたときの話です。とても素晴らしい内容で聴衆も熱心にうなずきながら話を聞いていました。

講演が終わると、私はその先生に「いつも仕事を丁寧に積み重ねていらっしゃるので、皆さん先生のお話に信頼感を持たれていますね。皆さん熱心に話を聞いていらっしゃいました」とお伝えしました。その方は、そんなに褒めていただけるとはうれしいですと照れていらっしゃいましたが、自信になりましたとおっしゃいました。

私とその先生は、素晴らしい関係を続けています。

# 20

## 考えはものなのです。

▼▼▼ 思考は、感情、物、成果と、いろんな形に姿を変えられる

## ■不安はイメージの力を弱めてしまう

あなたのイメージしたものの実現に心が確信を持てば、それはお金となり、家となり、富となります。

思考したものは、現実に現れるのです。そう考えると、「考えとは、ものである」とも言えます。思考はものをつくり出す力があるのです。

しかし、この力を妨げるのが不安です。

失敗するのではないか……、悪化するのではないか……と不安を感じると、イメージの力は弱まってしまいます。

そして、不安のイメージに人は支配され、それを現実のものとしてしまいます。人は過去の失敗の記憶を引っ張り出します。それは、同じ失敗を防止してくれる面もありますが、未来を切り開くことを妨げる面もあります。失敗の記憶は、思考の質を下げます。希望ある未来を、失敗の記憶でつぶしてはいけません。

不安を消す方法は、精いっぱいやり切ること。

やれるだけやって天命を待つ。

限界までやり切らないから不安が残るのです。

力を出し切って、最後は自分を信じる。不安を抱えない人は、そうしています。

# 21

いいものも悪いものも
世の中には存在しないということです。

▼▼▼「お金はいいもの」と思えば
必ず与えられる

## ■「あとがきトレーニング」で視点を変え、意味を変える

『マーフィー　世界一かんたんな自己実現法』に興味深い話が書かれていました。

「自分が大金を稼ぐのは間違っている」という口癖を持つ男性がいました。そう思い続けていたところ、実際にその男性の事業は破綻してしまったのだそうです。

お金へのネガティブな印象を刻み込んだのは、男性の母でした。「大金を稼ぐのはよくない。お金は不浄なものだ」と母はよく言っていたのです。

この記憶が潜在意識に貯蔵され、大人になったときに再現されました。

「お金はいいもの」と思えば、いいものです。「お金は悪いもの」と思えば、悪いものです。善悪はあなたの心がつくり出します。

視点を変えれば、どんなことも潜在意識の栄養になります。

私は本のあとがきを読んで「自分だったらどんなあとがきにするかな〜」とよく想像します。たいていは、その本のあとがきとは全く違うものが出来上がります。

「自分とは違う考えが存在するんだな」と、気づかされる瞬間です。あなたも試しにあとがきトレーニングやってみてはいかがでしょうか。

視点を変えるいい訓練になります。

# 3章

# リセットして新しい自分になる！

▼今日からできる潜在意識の書き換え方

# 22

潜在意識は、
客観的な心が停止状態、あるいは眠い、
うとうとした状態にあるときに
現われるのです。

▼▼▼ 顕在意識が働かないときに、
理想のイメージを送り込む

## ■寝起き、寝入りこそ、潜在意識を働かせるチャンス

潜在意識は、寝起きや、うとうとした状態のときに働きます。これは、当然のことで、顕在意識が働かないときだからです。

顕在意識が働かないとき、潜在意識は最高に機能します。

潜在意識は、感情に影響を受けます。そして、記憶の貯蔵庫でもあります。

だからこそ、寝起きやうとうとした状態のときに、良いイメージ、良い感情を刻み込んでいくことが大切です。

寝起きでぼーっとしているとき、睡眠前のうとうとしているときに、成功のイメージなど、理想の自分の姿を刻み込んでいきましょう。

そうすることで、そのイメージは実現されます。

また、毎日、精いっぱいやり切って寝る。充実感を抱きながら寝る。良いイメージのまま眠りに入る。

これは、とてもいいことです。ポジティブな感情を潜在意識に刻み込むことになります。

# 23

心の底から望んだことは、
すべてが現実になるのですから。

▼▼▼

0％の可能性を
100％の達成に変えた心の力

## ■1000枚のスライドを凝縮させた、人生をかけたプレゼン

私は長年、留学して、海外の優れた知識を得たいという夢を持っていました。

あるとき、ニューヨーク大学に、外国人を受け入れるプログラムがあることを知り、なんとか情報をかき集めて連絡を取りました。

しかし、「日本人を受け入れるプログラムは現在ない」という返答。

私があきらめずに連絡を取り続けていると、ディレクターの方がたまたま日本に来るとのことで、会う機会をつくってくれました。

私は、歯科医師としての信念と、今までやってきたことを臨床の症例スライドを使いながら、心を込めて伝えました。

1000枚のスライドの中から、最良の50枚を厳選し、歯科医師人生のすべてをかけてプレゼンしたのです。

情熱を感じてくれたディレクターは、ニューヨーク大学の副学長にかけ合ってくれて、私は留学することができることになりました。

私とニューヨーク大学とで協力してつくったプログラムは、今年で20周年。先日、セレモニーで感謝状をもらいました。強い思いは現実化するのです。

# 24

あなたの心の目に視覚化できるものは、
すでに目に見えない心の領域に
存在しているものです。

▼▼▼ 人間は、イメージできたことは
現実化させられる

## ■すべてはイメージがつくり出す

心の中で視覚化できたものは現実化します。

たとえば、建築家は、頭の中で建物を建て、それを図面にし、現実の建物を建てます。

心の中で描いたイメージを忘れることがなければ、それはいつか現実の世界に現れます。

あなたが思い描けるものは、あなたが願い求めるものであり、そのイメージは潜在意識に刻み込まれます。潜在意識は、そのイメージを実現するように動いていきます。

私はインプラントの手術をする前には、いつも頭の中で手術のイメージを行ないます。注射を打つ、メスを歯肉に入れる、骨に穴をあける、インプラントを埋め込む。頭の中で手術を完結させます。イメージできなければ、情報を入手して（知識の貯蔵庫に情報を入れる）、成功をイメージできるまで何度もくり返します。

達成をイメージできるということは、潜在意識の中に成功の情報があるということなので、うまくいく可能性が高いのです。

頭の中でイメージができたら、自信を持っていいのです。潜在意識は必ず成功に導いてくれます。

# 25

## 「健康、富、成功」と、五分から十分かけて念じるだけ。

▼▼▼ 単語をくり返すだけでいい！
「健康」「富」「成功」……

## ■「鏡を使う暗示」は日本でも海外でも基本中の基本

抽象的な言葉を思い浮かべることで、収穫を得た人が大勢いたとマーフィー博士は言います。鏡の前で「健康、富、成功」と、五分から十分かけて念じると効果があるのだそうです。

これは、「私は健康だ」などと言うわけではないので、対立する考えが起きないことにメリットがあります。くり返し唱えることで、潜在意識に刻み込まれ、健康、富、成功を手に入れた人が大勢いるということです。

実は、日本の自己啓発の源流である中村天風先生の成功法にも、鏡を見ながら「お前、信念強くなる」と唱える方法があります。このように、自己啓発の源流となる人たちは、鏡に向かって言葉を発することの重要性を共通して語っています。

私なりの解釈ですが、これはもうひとりの自分に言い聞かせるような形で暗示を潜在意識に刻み込む方法なのだと思います。

また、声を出す方法は、自分で声を発して、さらに、耳にも声が入ってくるので、二重に暗示を入れることになるので、声を出さない方法よりも、より効果があると考えられます。

# 26

# 「否定的な言葉を最後まで言うな。すぐにそれをひっくり返せ。そうすればあなたの生活には奇跡が起こる」

▼▼▼「と、昔は言ったけれど」という口癖でネガティブを追い出せ！

## ■言葉をひっくり返すと、結果もひっくり返る

潜在意識は、あなたの言葉を信じて現実をつくります。

「余裕がない」「できない」、ネガティブな言葉を吐くと、ネガティブな現実が目の前に現れます。潜在意識はいい悪いの判断をせずに、あなたの命令を受け入れます。

ネガティブな言葉を言ってしまったことに気づいたら、即座に、それをひっくり返しましょう。「できない」といったら、「できる」と言い直す。

こんな単純なことで、あらゆる結果がポジティブに変化します。

日本の自己啓発の巨匠、中村天風先生も消極的な言葉を言ってしまったら、「と、昔は言ったけれど」と打ち消すことをすすめています。

私は、最近ではたくさんの年下の若い人たちと仕事をするようになりました。そうすると、いろいろと励ます場面も多くなってきました。

頑張ろう、できるよ、よくやっているよ、相手の頑張りを認めるような声がけをたくさんするようになると、自分自身が元気になってきました。

歯科医院の仕事をして、その後、取材をこなす。週末は東京で取材を受けたり、コーチングをしたり、トレーニングもしています。ハードに働いても疲れないのです。

自分にも他人にもいい言葉を使っていきましょう。パワフルに生活できます。

# 27

# 恐怖心は不幸をもたらす原因となります。

▼▼▼ 心の底にある恐怖のイメージに根拠はない！

## ■イメージの力で恐怖を消すには？

誰もが何かしらの不安や心配事をかかえています。仕事、人間関係、経済、老い、健康など、恐怖を感じているものです。

人は心の底にある印象を現実化していきます。恐怖をイメージすると、恐怖の出来事が起きます。

恐怖がわき上がったら、一度、その恐怖についてじっくり考えてみてください。根拠が弱い恐怖であることが多いはずです。まだ起こっていない恐怖であることが多いはずです。

自分の力を信じられれば、恐怖は克服できます。

私は手術をしますが、そのときに恐怖の感情は少しもありません。当然です。恐怖と向き合い、すべての恐怖を準備によって消しているからです。

恐怖の感情に関しては、イメージの力で消すことも有効です。

実際に恐怖と向き合って、恐怖がなくなるまで、シミュレーションする、対策を考える、解決策を練る、準備する、イメージトレーニングする。

恐怖と向き合い、問題が解決されるイメージをする。これは、大変効果があります。

# 28

## 成功を想像しつづけなさい。

▼▼▼ すべてのジャンルで
成功しているイメージをする

## ■一点突破の成功は崩壊しやすい

自分の成功のイメージを大切に保護してあげましょう。ネガティブなものから守ってあげることで、理想は現実化します。

成功のイメージを規則的に何度もくり返すと、あなたの心は否定的なものを受け入れなくなります。時々湧き起こる、ネガティブなイメージを克服してくれます。

想像力は、成功と富と健康を手にする、理想の実現のための大きな武器です。

成功とは、自分が成し得たいことを、成し得た状態です。

しかし、仕事の成功を得ても、健康を害していたら意味がありません。

仕事、健康、人間関係……、すべてがバランスよく成功している状況を獲得するべきです。そのときに、本当の成功が手に入ります。

そのため、成功のイメージは、多くのカテゴリーを含むようなものにしてください。

健康で仕事が順調で、仲間との関係もいい自分をイメージする、というような具合にです。

仕事さえ成功すれば何もいらない。こういうバランスの悪い考え方をすると、必ず心がネガティブに傾くので注意が必要です。仕事ができても、健康を害していたら、心はいい状態にはならないでしょう。

# 29

顕在意識と潜在意識とがよく調和し、
いい関係を保てるよう心を鍛えましょう。
そうすれば、
健康でパワフルで安らぎに満ちた生活を
手に入れることができます。

▼▼▼ 2つの意識が同じ方向を向くと、
成長が加速する

## ■「好きな人ってこんな人！」、くり返し意識すると願望はかなう

意識と感情の2つがバランスよく合わさったときに、願望はかなえられます。顕在意識と潜在意識がうまく融合すると、現実のものとなって現れるということです。

そのとき、人はエネルギーに満ちた状態で生きることができます。意識と感情がうまく合わさると、心に安らぎ、余裕、パワフルさが生まれます。ポジティブな感情が信念を後押しし、願望をかなえてくれるのです。

達成したいことは文章でも画像でも、常に見られるようにしておいてください。意識して何度も見る、何度も思い出すことで、潜在意識に刻み込まれていくからです。

たとえば、パートナーがほしいとき、自分がつき合いたい人物像を思い浮かべておくことが大事です。自分の好みの俳優さんをリストアップしておく。笑顔が素敵な人、行動的な人など、自分が好きな性格をリストアップしておく。

すると、そういう人はどんな人が好きかな、と考えるようになります。そして、理想の人とつき合える自分になれるように、いろんなことを取り入れていくようになります。潜在意識と顕在意識が同じ方向を向くので、理想の自分が完成されるのです。

すると、理想のパートナーと出会うことができ、良い関係を結べます。

# 30

意識する心はいわば「門番」であって、
その主な機能は、潜在意識が
誤った印象を受け入れないように守ること

▼▼▼ 顕在意識は、
ネガティブからあなたを守るボディガード

## ■「成功した自分ならどうするだろう？」がポジティブさを生む

潜在意識は、比較も分析も推論も行ないません。顕在意識で考えたことを実行するだけです。

これは好きで、これは嫌いというような、好き嫌いもありません。そして、顕在意識からの暗示を受けやすい性質があります。

そう考えると、顕在意識で意識する心の質に注意が必要です。ネガティブな感情を入れないために、心の状態の取捨選択がとても重要なのです。

潜在意識について知ると、私たちは顕在意識を軽く扱いがちですが、もちろん顕在意識も重要です。

顕在意識の積み重ねで潜在意識は働く側面もあります。

そのため、顕在意識で行なう思考がとても大事です。ネガティブな思考はなるべく排除する。ネガティブな人とはつき合わない。

コツは、「理想の自分はどうするだろう？」と考えてみることです。

理想のあなたは、仕事ができるはずです。クリエイティブであるはずです。お金持ちであるはずです。健康であるはずです。メンタルも安定しているはずです。

1日一度は、理想の自分を演じる習慣を持ってください。

# 31

あなたは世界中の誰にもできないやり方で
生命を表現するために、
ユニークな素質を与えられているのです。

▼▼▼

誰もが独自の個性を持っているということは、
誰もが成功できるということ

## ■他者から褒められたところを伸ばすのが一番手っ取り早い

私たちは一人ひとり、独自の個性を持っています。ほかとは違う資質、才能、能力を持っています。

そう考えると、あなたは人と違う考え方や行動ができるということです。それは、成功をつかむ力を持っているということでもあります。

自信を持って、成功をつかみにいってください。

自分の思考と感情、行動が理想の状態を創造するのだと確信を持ってください。あなたは、成功し、人生を勝利するように、能力を与えられて生まれてきたのです。

みんな魅力があります。能力があります。

しかし、それが開花するまでは、「自分には何もないのではないか……」とネガティブな感情の時期が続くものです。

実は、能力や、魅力には自分ではなかなか気づけません。そのため、他人から褒められた部分を伸ばすというのが一番効率のいい方法です。

私も「手術が早いですね」と言われるまでは、そのことに気づいていませんでした。しかし、早いとわかったので、より短時間で手術が終われるように意識し、患者さんの負担を減らすことに成功しました。

# 32

「今これは終わろうとしています」

▼▼▼「終了のテクニック」で悪習慣を断ち切る

## ■暗示の力はここまですごい！――私とお酒の関係

『眠りながら成功する』の中に書かれていたお話を紹介します。

ある少女が、ひどい咳とのどの痛みの症状があったそうです。

そこで、その少女は「今これは終わろうとしています」と、毅然《きぜん》として何度もくり返したのだそうです。すると、1時間ほどで症状がなくなりました。

このテクニックは、「終了」のテクニックと言います。

終了のテクニックは瞑想のような状態のときに最も効くのだそうです。心を落ち着けて、「終わろうとしている」と願うのがコツです。

悪い行動、悪い習慣をやめるときに使える潜在意識のテクニックです。

私の著書の中には、「やってはいけないこと」をテーマとする本が複数あります。

それほど、やめることとは人生において大事だと私は考えています。

単純に言うと、ダイエットを成功させるのなら、間食はやめなければなりません。

先にも触れましたが、私は大学院時代に「お酒を飲まない」と自分に暗示をかけました。お酒は、体の面でも、つき合いの面でも、研究するための時間を圧迫するからです。今では、本当にお酒が弱くなりました。アルコールは抜けているはずなのに、お酒を使った雑炊ですら食べられなくなってしまったほどです。

# 33

お金は人のために使うと、
想像をはるかに超えた歓びを
もたらしてくれます。

▼▼▼「使うと減る」から
「使うと増える」の金銭感覚へ

## ■他者に与えれば与えるほど、豊かなマインドが確立する

潜在意識を学び始めたあなたと共有したい考え方があります。それは、他者のためにお金を使うということです。もちろん大金を使う必要はありません。
「自分の稼いだ金は渡さない！」、こういう考え方をして、豊かなマインドをつくれるとは思えません。

他者へ何かを与えると、それは喜びになります。大切な人に何かを与えるときは、喜びを感じるはずです。

他者に与えれば自分の心が喜び、豊かなマインドをつくる。潜在意識は豊かになるように働く。

道徳として言うのではありません。あなたの成功のために言うのです。みんなで幸せになりましょう。

お金は使うと減る、という感覚を捨てましょう。

価値あることにお金を使うと、お金は増えます。

あなたの心が豊かになるようにお金を使い続ける。そうすると、繁栄のマインドが生まれ、根付く。自分以外の人にもいい影響が出るようにお金を使うと、潜在意識はあなたが繁栄するように働きます。

# 34

どんな願望を心にいだいても、
それに反対する気持ちが
わきおこってくるものです。

▼▼▼

自己実現を願うと、
逆向きの感情が起こるのが人間

## ■それでも残った不安と恐怖は利用してしまおう！

健康を願うと、「病気になったらどうしよう」「私の病気は治らない」という気持ちが湧き上がるのが人間です。

仕事で成功したいと願っても、「商品が売れなかったらどうしよう」「ライバルが成果を出したらどうしよう」と思うものです。

ポジティブな成果を願うと、心の中で必ず戦いが起こります。

逆向きの感情は起きて当たり前。それなら、逆向きの感情が起こる原因を見つけましょう。

そして、そこから達成のためのヒントを得ましょう。その原因がわかったら、それを克服する武器を手に入れる、反復練習をする。そうすると、ネガティブな気持ちは消えていきます。

それでもネガティブさが残ったら、それは消さなくていいものです。

それは、ここ一番で力を発揮するために与えられるネガティブさだからです。良い緊張をもたらしてくれるので、あえて残しておいてもいいでしょう。

人生を楽しむために、少しの不安と恐怖が必要なこともあるのです。

# 35

信念とはただ、
「望みのものが、もう存在している」と
感じることです。

▼▼▼
「すでに達成している」と思って
生活してみると、やっぱり効く！

## ■願いがなかなかかなわない本当の理由

心の底から望んだものは、現実化します。この絶対法則を忘れてはいけません。

否定的な考えやネガティブな感情が湧いても、それを打ち消してください。邪悪な思考や感情に力を与えてはいけません。潜在意識は、ポジティブだろうがネガティブだろうが、心の底で願ったことはかなえてしまいます。

「望みのものが、もう存在している」と強く感じると、成功のための選択と行動が無意識に引き起こされます。

「すでに手にしている」「すでに達成している」と思って生活をすることで、潜在意識はより強く働くのです。

「〇〇を達成させてください」と願うのも悪くはありませんが、自分の力をフルに働かせることはできないかもしれません。

お願いをするということは、自分には達成する力がありませんと宣言しているとも言えます。私は努力をしません、というニュアンスも含まれてしまいます。

達成して当然、達成がふさわしい、こう強く信じることで、あなたは一直線にゴールに到達できるのです。

# 4章

## 潜在意識をとことん使いこなす！

▼常にポジティブな感情で生きるには？

# 36

ゲーテが
自分の友人の一人が目の前の椅子に座って、
彼に正しい答えを与えてくれるのを
想像することを習慣にしていたことは
よく知られています。

▼▼▼

あの一流の人と頭の中で対話すると、
答えを教えてくれる

## ■ゲーテのイメージ力とは？

ゲーテは問題に直面したときに、イメージの力を使っていました。想像力を駆使し、頭の中で何時間も会話をしていたのだそうです。

自分の友人がイスに座っていて、ゲーテが抱えている問題への正しい答えを教えてくれるイメージをしていたのです。

その友人は、潜在意識そのものだと私は感じました。信じて答えを求める。すると、正解を与えてくれるのです。

あなたも問題に直面したときに、特定の誰かをイメージして解決策を教えてもらいましょう。

私の知人に、非常にストイックで、圧倒的な仕事の成果を出している人がいます。私は問題に直面したときに、「あの人だったらどうするだろう？」と自分に質問してみることがあります。やっていると、本当に解決策を教えてくれます。

規律を持って生きている人、自分に自信を与えてくれるような助言をしてくれた人を想像してみるのがポイントです。

自分より何かしらの基準が高い人こそ、あなたに必要な答えを教えてくれます。

# 37

状況や他人の意見などにパワーを与えないで、
心の力だけに与えてください。

▼▼▼
「老婆心ながら」というアドバイスを受け入れて、
相手を気持ち良くさせるな!

## 「あなたと私は違う」「自分だけは成功する」で跳ね返せ！

心の力を使いこなせば、私たちは富も成功も自由も手にすることができます。心にエネルギーがみなぎっていると、自分が繁栄したイメージを強めることができます。

たとえば、起業しようとすれば、失敗する理由を述べる人が必ず現れるでしょう。相手は、大まじめにあなたのためになると思ってアドバイスしています。

しかし、そんな人の話を受け入れてはいけません。成功のイメージを強く持つのです。成功を目指すと決めたのに、失敗のアドバイスを聞き入れるというのはおかしな話です。

「あなたと私は違う」、こう思ってください。ネガティブなイメージをあなたに伝えてくる人は、失敗の経験を持っています。もしくは、チャレンジをしなかった人です。あなたの人生に責任をとるのはあなた自身です。他人は絶対にあなたの人生に責任を持ってくれません。好き勝手に言って、気持ち良くなっているだけです。

無責任な発言など無視するべきです。

「自分だけは成功する」、こう思っておけばいいのです。たいていのことは、強い信念と情熱を持ち、時間をかけて努力することで達成できます。

# 38

「私は潜在意識の力によって、何でもできるのだ」と肯定しなさい。

▼▼▼「でも」「だけど」はその都度その都度、消去していく

## ■「すべて実現できる」と、ただただ信じればいい

私にはできない、能力がない……、こういったネガティブな言葉を絶対に使ってはいけません。潜在意識は、あなたの言葉をそのまま信じ、現実をつくっていきます。ネガティブな言葉を発すると、願望達成に必要な能力も、人脈も、お金も、すべてを失うことになります。

「自分は心次第で、何でもできる」。こう全肯定し、積極的に生きてください。そうすることでしか、理想の人生は現実化されません。

何かを願ったときに、「だけど」「でも」とネガティブに考えることは誰にでもあります。これはしかたがないことです。ですが、そのままではいけません。その都度その都度しっかりと打ち消していきましょう。

打ち消し続けていくと、ネガティブさを追い出す習慣がつくので、自然とポジティブなことだけを考えるようになります。

私の1冊目の本はベストセラーになると確信していました。

「売れなかったらどうしよう」という考えを一切持たないために、わざわざ達成のマインドをつくるためのセミナーに参加しました。本をつくっている間、発売後からベストセラーになるまで、絶対に自分を信じるためです。

# 39

これが置換の法則です。

▼▼▼ 悩み続けるのは愚かだが、悩むのは無駄ではない

## ■成功、富、健康を引き寄せる悩む力

「悩み続けるのは愚《おろ》かだが、悩むのは無駄ではない」とマーフィー博士は言います。悩むことで良いものが生じることがあるからです。

たとえば、お酒をやめられなくて悩むから、健康を望むのです。マイナスがあるから、プラスがあります。

マーフィー博士は、置換法《ちかんほう》を使い、悪習慣をやめることをすすめています。何かに悩み憂鬱《ゆううつ》になっても、喜びを得る想像をする。お酒が飲みたくてつらいときは、健康である自分をイメージする。

悪習慣の原因は、否定的で、破壊的な考え方のクセです。

悩みがあるということはチャンスでもあります。

マイナスのイメージをプラスのイメージに置き換えれば、成功や富、健康が現実のものとなるからです。

悩むということは、ポジティブな何かを生む可能性があるということです。

悩むなら、前向きに悩みましょう。必ず成長できます。考えることで、より大きな成果をつかむことができるのです。

# 40

ただ困ったことには、
意識する心がしょっちゅう
外観に基づく五官の証拠を以て介入し、
誤った信念や恐怖や
単なる意見にすぎないものに
主導権を渡すことになってしまうのです。

▼▼▼ 嫌な気分になっても、
積極的な感情を生み出すには？

## ■嫌な人がいなくなる、「反対側には何があるかな？」という視点

ネガティブな感情、間違っている信念、消極的な考え方によって導かれた人生の設計図を、潜在意識は忠実に実行していきます。

どんな目標を立てても、現実世界では、ネガティブな出来事、人、現象、情報があなたに影響を与えます。

しかし、そんなときでも、それに影響されることなく、「目標は必ず達成される」という信念さえ持っていれば、それは実現されます。

とは言え、外からの刺激に対しては冷静ではいられないこともあるでしょう。

私はあらゆることに対して、「反対側に何があるかな？」と視点を変えたり、考えてみるようにしています。

物事の両面を見ながら、ニュートラルな状態で事実を見るようにします。

たとえば、仕事仲間には、動き出しが遅い人もいます。しかし、思慮《しりょ》深く、計画させ立てたら優秀に仕事を完了させる人かもしれません。

「あの人はぐずぐずしてるからな」と思うと感情が乱れますが、「あの人は計画重視で仕事の質が高い」と思えば、いい感情になります。

見方を変えれば、マイナスをプラスに変えることができるのです。

# 41

否定的な考えも浮かんでくるでしょうが、それを何とかねじ伏せようなどと思ってはいけません。

▼▼▼ 否定的な考えが浮かんだときが「改善の時期」

## ■「原因を探る」というネガティブを消す根本治療

前向きに歩き出そうとすると、必ず逆向きの気持ちがわき上がってきます。しかし、その気持ちに抗ってはいけません。

受け入れず、ただただ、心にいいイメージを描き続ける。

そうすると今まで1日に何度も湧き起こっていたネガティブな感情が、だんだん起こらなくなってきます。

私の場合は、ネガティブな感情が湧き上がってきたら、その原因を探るようにしています。といいますか、探らずにはいられないタイプの人間です。

心からポジティブになれる状況をつくりたいからです。

感情を乱す原因をとことん考えていくと、「ここをこう修正してみると、解決するかも」というアイデアが必ず思いつきます。

原因があるから結果があるのです。不安な状況があるから、感情が乱れているのです。それなら、実際に不安に対して対処し、改善を行なえばいいだけです。

多くの人が悩む時間が長すぎます。悩む時間はムダです。

不安の発生は、改善のシグナル。そして、改善は成功のチャンスです。

# 42

そうであるかのように振舞えば、そうなります。

▼▼▼心の映画法で「理想の自分」を今、味わう

## ■「さすがだね」というような些細《ささい》な口癖が大きな差を生む

そうであるかのように行動したり、言葉を発したり、何かを手に入れた状態をイメージすると、それは現実のものとなります。

これは、「心の映画法」と言います。

リラックスしたぼんやりした状態で、意志の力が働くのを最小限に抑えます。そして、心の中で理想のイメージをするのです。

そして、心のイメージが、すでに現実化していると感じながら眠りにつきます。すると、潜在意識はそれを現実のことであるかのように受け取り、その実現に動き出します。

私は「この人は一流だな」と感じたら、その人の言葉に注目するようにしています。言葉は思考を表現したものだからです。

言葉自体に、成果を出すためのエネルギーと価値があると思うからです。そういう人が使う言葉を、私もその一流の人のつもりになって使ってみます。

たとえば、一流の人は「さすがだね」というような他者を称賛する言葉を多用する傾向にあります。大した言葉には感じませんが、私たちは使う回数が圧倒的に少ないのです。こういうところで、実は差が生まれているのではないかと感じています。

# 43

## 知恵さえあれば、
## たとえお金や健康や
## 安らかな心がなくても大丈夫。

▼▼▼ 潜在意識の法則を知れば、
お金、仕事、健康、人間関係は思いのまま

## ■成功法則は心の状態次第で、発動するかが決まる

知恵とは、人生をよくするための最強の武器です。極論すれば、知恵さえあれば、お金、健康、安らかな心などがなくても問題ありません。

「無限の力に命をゆだね、導きや癒やしを得ようとする心。これが知恵です」、こうマーフィー博士は言います。

今、何も持っていないとしても、マーフィーの成功法則という知恵を学んで実行すれば、潜在意識があらゆるものを獲得してくれるのです。

本書では法則をお伝えしていますが、法則を発動させるためには、心の使い方がとても大事になります。心が良い状態で法則を使うから、潜在意識がポジティブに働くのです。イライラ、クヨクヨしていると、今よりもよくなるイメージは持てません。

だからこそ、いい仲間といるべきです。あなたの感情を良くしてくれる人と一緒にいると、未来に前向きになれます。

他者の話は、自分の成果につながりそうな部分のみに注目しましょう。そうすると、どんな人と接してもポジティブな感情を生むことができます。

気分が良くなるように、人づき合いも環境も整えていってください。

# 44

もしも大人になってから、
再調整療法となるような
建設的な自己暗示を使わないと、
過去に刻み込まれた印象から、
個人的生活でも社会的生活でも
あなたを失敗させるような
行動の型が作られてしまいます。

▼▼▼ 大人になったら、
一度、潜在意識を浄化しておこう

## ■過去の記憶に中にある、感情、印象が現在の結果に影響を与える

多くの人が幼少期から悪い暗示を、他人から、社会から与えられて成長していきます。

「あなたにはできない」「失敗するぞ」「やってはいけない」「運が悪い」「ダメなやつだ」……。

幼少期から、どんどんネガティブな暗示を潜在意識に溜め込んでいきます。

経済でも、政治でも、社会でも、ニュースではネガティブな情報が飛び交っています。

大人になったころには、潜在意識にはネガティブなものがたくさん溜まっています。

もちろん、大人になっても、「成功するのは難しい」「人を信用するな」「もう年だから無理だよ」「努力しても意味がないよ」というような暗示を受けます。

大人なったときに、潜在意識の浄化を行なわないと、あなたの人生は悲惨なものとなります。

一度、自分の思考のパターンと向き合い、ポジティブに考えるクセをつけてください。

過去の記憶の中のネガティブなものを、いったん捨てる試みが必要です。

# 45

アインシュタインは数学の原理を愛し、
数学の原理は彼にその秘密を示しました。
これが愛のすることなのです。

▼▼▼ 何かを愛すると、
いわゆる努力が楽しくなる

## ■相対性理論を発見した愛の力

愛の力は強力です。何かを愛すると、大きなお返しがやってきます。対象は、数学でも、仕事でも、人でもなんでもです。

愛とは心を広げることだとマーフィー博士は言います。

たとえば、人に対しての愛とはなんなのか。それは相手に対する善意です。あなたの周りの人の、成功、健康、幸福、富などを願えば、それはあなたに返ってきます。

潜在意識は主語がわからない特性があります。

相手を称賛すれば、それは自分を称賛することです。相手をけなすと、自分自身をけなすことになります。

愛を持って接する。人だけではありません。何事にも愛を持って向かうことで、大きな恩恵を得られるのです。

アインシュタインも、学問に愛を注いだから、相対性理論という大発見ができたのです。

私も歯科の仕事に情熱を持っていたので、たくさん勉強をしましたし、練習もしました。そのおかげで、成果が出ましたし、それがプロフィールに反映されました。すると、さらに影響力を持つことができ、社会への貢献度合いも高まったのです。

# 46

あなたの心が引退することは
けっしてないことを確信してください。

▼▼▼
潜在意識の法則では
「年を取ったほうがチャンスが増える」

## ■希望が若さを維持する

仕事を引退した人たちは、元気がなくなります。自分の一生は終わったと考えてしまうようです。

「自分は終わった人間だ」と感じている人は、若さを失い、健康を失い、ひどい場合は、引退して数カ月で亡くなってしまいます。

引退は、新たな挑戦へのチャンスです。

潜在意識の法則から考えると、60歳より90歳のほうがより高い成果を得ることができます。

潜在意識は知識の貯蔵庫です。積み重なった知識が多いほど、より高い目標を達成することができるはずです。

しかし、年を取るとなかなか活躍できなくなるのは、健康への不安、老後への不安、認知機能への不安などが膨れ上がっていくからだと思います。

遅咲きの経営者は山ほどいます。ケンタッキーフライドチキンの創業者カーネル・サンダースも、チキンラーメンやカップヌードルを開発した安藤百福も遅咲きの成功者です。

いくつになっても若々しく、成果を出し続けている人はいるのです。

# 47

他人の幸運を願うことは、
自分の幸運を願うことです。
願えば、かならず豊かになります。

▼▼▼ 他人のために願うと、
幸運が巡ってくるカラクリとは？

## ■悪口を言うと、自分の人生がネガティブになる仕組み

『成功法則は科学的に証明できるのか？』（工学博士 奥健夫／総合法令出版）の中に、「口から出てくる言葉は、空気の振動でありながら、心の情報の一部が含まれている。心の情報を含んだ言葉は、周囲に広がり、最終的には反射して自分に返ってきます」というような内容が書かれています。

ポジティブであれ、ネガティブであれ、他人に対して言うことや、願うことは、自分に返ってきます。

たとえば、「あいつ降格しないかな」「あの店、つぶれないかな」と考えていると、必ず返ってきて、自分が降格したり、自社が経営不振に陥ったりします。

他人に対して、ポジティブな祈りをするべきです。「もっともっと出世しろ！」「もっともっと繁盛しろ！」と願うと、それが自分に返ってくるのです。

作用反作用の法則があり、放つと返ってくるのです。しかも、潜在意識は、主語がわからないという習性があります。

相手に放った言葉を、自分事として受け止めてしまいます。特に、余裕のないときや、逆境のときほど、他人の幸運を願えということです。

# 48

あなたの考えは、肯定しかできないのです。

▼▼▼ 「欲しいものはすべて手に入る」、この思いを潜在意識は全肯定してくれる！

## ■ヒットする本、ヒットしない本の違い

書籍はヒットさせるのが難しいものです。私の著書のいくつかはベストセラーとなりましたが、やはり売れる本は「この本は読者が喜んでくれる」と発売前から確信していたものばかりです。

結果論ではあるのですが、「なんかメッセージがストレートに伝わらなさそうだな」という本は苦戦します。また、「今回、編集者も私もお互いに遠慮しているかもしれないな……」というときは、なかなかうまくいきません。

悪いイメージをすると、案の定、悪い結果を引き寄せてしまいます。

潜在意識は肯定しかしません。良いイメージを持てばそれを肯定しますし、悪いイメージを持ってもそれを肯定します。

現実世界ではあなたの目標を達成できない証拠がどんどん集まってくるものです。しかし、ポジティブなイメージを持ち続ければ、潜在意識は自然と心の状態を良い方向に修正していってくれます。

悪いイメージをくり返す時間はムダでしかありません。良いイメージをくり返し、自分を肯定していきましょう。

「欲しいものはすべて手に入る」、こう確信しながら願うのです。

# 49

# 今、今こそその時です。

▼▼▼ もっと良いタイミングは一生こない……

## ■今が、成功に向かう最高のタイミング

もっといいタイミングがある、こう考えてしまう人は多いものです。

もっといい人が現れたら結婚しよう、もっとお金が手に入ったら起業しよう、いつか幸運にめぐり合ったら大きなことをしよう、時間に余裕が出てきたら体のメンテナンスをしよう……。

多くの人が、もっと良いタイミングを望み、そして、そのタイミングがくることはなく、時間だけが流れていきます。

タイミングは、今なのです。

理想のイメージを持ち、その実現を確信すれば、その瞬間から成功に向かって進むことになります。

「今から」、こう考えた瞬間に成功の一部をつかんでいるのです。

「いい時がくる」ではなく、「今こそその時」。こう考えてください。

今やるから次の展開が起こります。

そして、次にやりたいことが見えてきます。

価値ある人生を送り続けるには、「いい今」を永遠に、死ぬまでつないでいくしかないのです。

# 5章

# グランドマスターが教える潜在意識の秘策

▼無意識の「行動」と「選択」の質を上げるには？

# 50

あなたの潜在意識は全知です。
何でも知っています。

▼▼▼ 知識の貯蔵庫には、
すでに解決策が収められている

## ■「これ、なんかいいな！」が後々役立つ

潜在意識は、知識の貯蔵庫なので、あなたが抱える問題の解決策を知っています。迷ったときには、潜在意識に解決のための材料をもらえばいいのです。

潜在意識は、あなたの中にある知識を駆使した解決策を与えてくれます。

もし、今あなたの中に答えとなる情報がなければ、すぐに外から情報を収集し始め、正解を導き出し、与えてくれます。

潜在意識は知識の貯蔵庫です。だからこそ、私たちは日々、目標達成のための材料となる情報に触れることが大切です。

実際には、いつどんな情報が役に立つのかはわかりません。そのため、「これ、なんかいいな！」という感覚を大切にして、人、モノ、環境を選んで、積極的に接していきましょう。

潜在意識の中にないものは、出てこない。これはしかたがありません。今まで触れた情報の組み合わせや取捨選択、アレンジで、潜在意識はより最適な正解を導いてくれます。

ただ、自分の貯蔵庫の中身のレベルは低いかもしれないと心配しないでください。目標が定まると、達成のために情報を探し始めてくれるのが潜在意識です。

# 51

## 人生は足し算！

▼▼▼ 人生は足し算で考えるとうまくいく！

## ■自分より優れた人とつながるから、成果が何倍にもなる！

人生は、足し算で考えるとうまくいきます。

「成功は足し算の記号。あなたの成長に富、パワー、知識、信念、知恵を足しなさい」とマーフィー博士は言っています。

常に人生が豊かになるような心をつくりましょう。自分には、豊かな状態がふさわしいと信じると、成功するための考え、行動ができるようになるのです。

あなたの心ひとつで、成功しかない世界を生きることができます。

私自身、人生を足し算で生きていましたが、最近では、人生はかけ算でより良くなると考えるようになりました。

富、パワー、知識、信念、知恵をかけ合わせていくと、より大きな成果が得られます。

人との関わりも、かけ算で考えるようになりました。

自分より優れた人と仕事をすると、私の実力の何倍もの成果を出すことができ、より多くの人の役に立つことができます。

しかし、関わる人によっては、マイナスの成果が生まれてしまうので注意が必要です。自分よりも何かしら優れた能力を持つ人とつながるようにしてください。

# 52

今や私のものです。

▼▼▼ 制限を取り外してくれるアファメーションとは？

## ■もし、あなたが大金持ちだったら、どうする？

成功は今や私のものです。富は今や私のものです。

健康は今や私のものです。収入の増大は今や私のものです。

「今や私のものです」と、くり返し暗示してみてください。アファメーションとは自分を幸せに導く手法です。マーフィー博士が教えてくれる暗示文の中には、「今や私のものです」という文言がよく入っています。

この言葉は、周囲の事情、状況、時間、お金の制限をとり外してものを考えられるようにしてくれます。

貯金が貯まったら起業しよう。時間に余裕ができたら転職の準備を始めよう。「今や私のものです」という暗示は、そういった制限を取り外してくれます。

私は出版のときや、新しいプロジェクトを始めるときには、「自分の考えが、業界の流行をつくる」とイメージをします。

私には何の制限もないので、必ず大きな価値を生み出せると信じているのです。そうすると、少なくとも頭の中では不可能がなくなります。

それは潜在意識に刻み込まれ、実際に大きな成果をもたらしてくれます。

# 53

人の歳は、その人の考えたり
感じたりするとおりのものです。

▼▼▼ 老いを拒絶し、生命力を肯定し、
もっともっと欲しがろう！

## ■真、善、美を心で生きている人は、エネルギーに満ちている！

真、善、美を心がけて生きている人は、実際の年齢とは関係なく、若々しいものです。嘘のない心で、愛をもって、人々と調和して生きる。

心の中で考えたことの蓄積が、その人をつくります。

マーフィー博士は、「私は年を取った」と言いたくなったら、「私は神の大生命という点に関して賢明である」と言いなさいとすすめています。

老いを拒絶し、生命力を肯定しなさい、ということです。老いを恐れたり、加齢によって意欲を失うと老けていきます。

豊かで、幸せで、健康で、成功している人間であると、いつまでたっても確信して生きてほしいと思います。

いくつになっても目標を持つことです。

達成するべきことがあれば、頭を使います。体を健康に保ちます。柔軟な思考を持つために、若い人たちと接します。情報を得るために移動します。

成功者ほど若いのは、お金があるからではありません。

心がもっともっと得たいと欲しがるからです。常に繁栄のマインドで生きているのです。

# 54

成功を収め、しかも心穏やかでいられるための極意をお教えしましょう。

自分がやってもらいたいように他人に話しかけ、他人のことを意識し、行動してください。

▼▼▼ 社会性が高く、人が集まってくる、魅力的な人の特徴

## ■品格は最後ではなく、最初に身につけるべきこと

品格は最後に身につくものだと思われがちですが、最初に身につけるべきものです。品格があるから、人に大事に扱ってもらえます。一流の人との関係もつくれます。

私はもう一段上のステージに行けると感じた若い方には、銀座のある料理屋さんに朝食を食べに行くようにすすめます。夜の食事と比べるとリーズナブルで敷居が低いですし、朝から一流の人がたくさん集まっています。

そういった場で、気後れすることなく食事ができるように試行錯誤していく中で品格は磨かれていくのです。

本物の成功者は、品格に優れ、公平で、善意に基づいて生きています。相手のことを気づかい、相手がいい気分になる言動を選びます。

汚い手で何かを得ても、後々さまざまな弊害が出てきます。ましてや、人の足を引っ張って自分が成功しようとすると、そのツケは必ず自分に返ってきます。

社会性が高く、長く支持されている、人が集まってくる人には品格があります。

経済的な成功もしていますが、それ以前に、身なり、言葉づかい、立ち振る舞い、客観性のある判断力、相手と自分が良い関係になる最適解を導く力が備わっています。

# 55

## 「大丈夫。絶対できる」

▼▼▼ 未来を信じる人の口癖
「大丈夫。絶対できる」

## ■マイナス感情を瞬時に打ち消す言葉を持っておく

潜在意識の法則を学んですぐのころは、成功、富、繁栄、健康を願ったとしても、逆向きの感情が生まれることでしょう。

成功できなかったらどうしよう、健康になれなかったらどうしよう……。誰でもそう考えてしまうものです。

しかし、潜在意識にネガティブな感情を積み重ねていくのはよくありません。逆向きの感情が生まれたときは、何も考えずに「大丈夫。なんとかなる」と口にしてください。マイナス感情を瞬時に打ち消すことができます。

「大丈夫、絶対できる」という言葉は、未来志向の言葉です。未来の成功を信じるための言葉です。

ある人に、「井上先生のつらくて悩んだ経験を教えてください」と聞かれました。

私はそれに答えられませんでした。

それは、「大丈夫、絶対できる」という信念があり、自分の力を信じることができているからだと思います。

どんな問題が起きても解決できると考えているので、悩むということがありません。

「大丈夫、絶対できる」という言葉をたくさん使い、積極的な心をつくってください。

# 56

# 「のんきにやりなさい」

▼▼▼ ちまちましたことは考えない。
ゆったりと成功を待つ。

## ■結果を手放すと、逆に、早く手に入る⁉

潜在意識は、あらゆる問題を解決する術を知っています。成功すると信じて断言すれば、あなたを成功へ導いてくれます。

最も大事なことは、ゆったりと構えることです。

達成のための細かなことを、ちまちまと気にしてはいけません。なぜなら、結果を確信できれば、それであなたの目標は達成できるからです。

成功したときの気分を想像してみる、手にしたものを想像してみる。

今、まさに実現していると感じてみてください。

戦略戦術、計画など気にせず、のんびり、くつろぎながら、ゴールの達成を味わえばいいのです。

自分を追いこみすぎると、潜在意識は働かなくなります。結果を急ぎ過ぎないことです。そうすると、逆に、結果が早く手に入ります。

今できる小さなことをどんどんやっていくと、ある瞬間に相乗効果を生み、一気に大きな成果が得られます。

信じる力を持ってゆっくり進んでいると、問題が小さくなったり、いつの間にかなくなったりします。自分を追い込み過ぎて挫折することだけは避けましょう。

# 57

## 毎朝目が覚めたら、次のような永遠の真理を選びなさい。

▼▼▼ 朝一から潜在意識の力を信じるために

## ■朝起きたら、いい日を願い、感謝する

マーフィー博士は、毎朝起きたら、次のように肯定しなさいとすすめています。

「今日は神の日です。私は調和と平和と完全なる健康と、神の法と秩序と、神の愛と美と豊富と安全と、いと高きところからの霊感を選びます。

このような真理が私の人生に生ずるように念ずる時、私は潜在意識の力を目覚めさせ、活性化するのであり、これによって私はこれらすべての力と性質を体現せざるをえなくなるのだということを知っています。

神にとっては一枚の草の葉になるのと同じように容易に、私の人生においても、これらのよきものになって現れてくるのだということを私は知っています。このことに感謝します」

私たち日本人は祈りの習慣がないので、少し馴染めない表現もあるかもしれませんが、この暗示文には、潜在意識を信じ、潜在意識の力を引き出す仕掛けがされていると私は感じています。

ぜひ、あなたもこの暗示文を読んでみてください。

# 58

否定的な考えに打ち勝つ方法は
良い考えに置き換えることです。

▼▼▼ 11カ月で人生はリセットされるから、
思いっ切りやろう！

## ■闇を除くには光を用いること

『眠りながら成功する』には、「科学者によると、私たちの体は、11カ月ごとに建て替えられるとのことです」と書かれています。

そう考えると、私たちは11カ月がたつと、生まれ変わり新しい人生を始める、と考えることもできます。11カ月の人生をくり返しているのです。

肉体のように、心も生まれ変わらせることが可能です。

恐怖、怒り、嫉妬、悪意……、こういった考えを抱くと、潜在意識は悪い人生を形づくるように働きます。

人生の責任はあなた自身にあるのです。自分自身が考えていることの総計が、あなたの人生という形で現実化します。

「闇を除くには光を用いることです」、こうマーフィー博士は言います。

良いことを考え、それを肯定していけば、あなたの中の悪いものは消えていくのです。11カ月であなたは新しい人間になります。80歳まで生きるとすると、今40歳なら、これから40回以上リセットの機会があります。

新しいことをどんどんやってみることです。新しいことを始めて夢中になると、後ろ向きの考えはしなくなるものです。

# 59

「人間は想像したとおりになる」。

これこそ真実です。

▼▼▼ 成功者は「自分は成功する」と
根拠なく思っていた

## ■「こいつらわかってないいな」、こう考えるのも一つの手

無知であると、恐怖心は増大していきます。そして、あなたの心を弱くします。愛、運、成功、健康……、恐怖心があると、あらゆるものが逃げていきます。

恐怖をしっかり見つめると、根拠のある恐怖は少ないものです。恐怖を消し、望むものをイメージしましょう。そのときの、五感の感覚、感情までポジティブにイメージしてみてください。

成功者は、自分が成功すると信じ切っていました。自分がやることは、社会に大きな価値を与えると大まじめに思っていました。だから成功したのです。

前しか見ていない、成し遂げたイメージしか持っていなかったのです。

「そんなことは無理だ」と言われても、「こいつらわかってないな」と無視して、どんどん前進していきます。

知らないこと、未知のことを想像すると恐怖を感じることでしょう。しかし、恐怖と向き合うと、乗り越える気持ちも決まります。気持ちが決まれば、克服する知識を見つけ、身につけられます。知識があれば、実行し、成果を得られます。

恐怖は成功のためのギフトだと考えてください。

# 60

お金や富は追いかけると逃げていってしまう。

▼▼▼

「お金スタート」より
「愛スタート」で富が手に入る

## ■数字のみを追いかけると、欠乏のマインドが生まれる

ある成績トップのセールスマンが不振に陥り、マーフィー博士に相談にきました。振り返ってみると、成績が良かった時期は、車を愛し、その素晴らしさを信じて、お客さんにすすめていたのだそうです。

しかし、トップセールスになると、成績を守るために1台でも多く売る、という姿勢に変わっていきました。

「あと1台売らなければ……」「あと1台売らなければ……」これは欠乏のマインドです。数字を追いかけると、仕事への愛が減り、豊かさマインドが失われます。車が売れなくなるのも当然です。

そのセールスマンは、売れなくても売れなくても、お客様との出会いに感謝するようにしました。感謝は豊かさマインドをつくります。すると、やはり車は売れるようになったのです。

他者への愛情は、強いエネルギーを生み、成果になる。自分だけが得しようとすると、エネルギーは生まれず成果も出ない。

売上、お金を追いかけすぎると、エネルギー不足を起こし、欠乏のマインドだけが大きくなってしまうのです。

# 61

富に翼をはやして飛び去らせる最も手っ取り早い方法は、自分より富をもっている人の悪口を言うことです。

▼▼▼ 優勝するために、大谷翔平選手が言ったこと

## ■「自分もあの人のように富を得られる」という富裕マインドを持つ

２０２３年のＷＢＣのアメリカとの決勝戦の前に、大谷翔平選手はチームメイトに次のような内容の声をかけたと言われています。

「今日１日だけは、彼らへのあこがれを捨てて、勝つことだけを考えていこう」

「あの人は他の人とは別格だ」ではなく、「あの人がやったのなら、自分もできる」と思えばいいのです。

あなたはもっと富を得られます。富を欲しがる人ほど、富を得ている人を悪く言うものです。

「あいつは人をだましている」「ひどい商品を売って儲けている」。

こういう考え方をする人は、いつまでたっても富を手にすることはできません。

自分の欲しいものを否定していることにほかならないからです。これは、欠乏のマインドを生むので、潜在意識は富を不足させるように働きます。

富を得ている人を見たら、羨《うらや》んでも、否定してもいけません。自分もそうなれると信じることです。

尊敬する必要も、嫉妬する必要も、相手を貶めようとする必要もありません。

あなたは必ず富を得られる人間です。

# 62

心の努力は常に自己を破り、結果として常に願望と反対のことを引き起こすのです。

▼▼▼ 意思を使わないから結果が出る！
「逆努力の法則」

## ■心の向きを努力して変えようとすると逆効果

マーフィー博士は、「逆努力の法則」という法則があると言います。

心理学者のクーエは、その法則の定義を「欲求と想像力が争う場合、必ず想像力が勝つ」としています。

よく例として使われている話ですが、わかりやすいので、少しおつき合いください。

床に置いた板の上を歩きなさい、と言われたら簡単にできます。しかし、同じ板を地上高くのビルとビルの間に掛けたら、その上を歩くことができなくなります。

板を渡りたいという欲求よりも、落下する想像のほうが強く働くからです。

意志の力を使って、頑張って、欲求を満たそうとしてはいけません。心の努力は、逆効果です。

ただ達成を信じて願う。これこそバッグンの効果があるのです。

達成を信じて、先のことは考えない。これでいいのです。

多くの人は、先の予想をするとネガティブになります。頭がいい人ほど、リスクを考える力が優れているからネガティブになります。

潜在意識の法則を理解した人なら、ポジティブな未来をイメージできますが、潜在意識を学び始めて間もない人は先を考えすぎないことも大事です。

# 63

心を静かに落ち着かせ、
意識が滞《とどこお》りなく流れるようにしてから、
願いがかなったところをイメージしてください。

▼▼▼「単純にひとりの時間が長いだけ」でも、
他者と大きな差がつく

## ■いったん心を落ち着かせてから、理想を想像してみる

「私はひとりでいる時間が、とても長いんだな」、最近よく、こう感じるようになりました。

週末も仕事で東京に滞在していますし、飛行機や新幹線、タクシーによく乗って移動します。

しかし、このひとりの時間が長いことで、価値ある人生を生きられているのではないかと思うようになってきました。成功したいのなら、恐怖、不安、心配など、ネガティブな感情を排除し、理想のイメージをすることが大事です。

まずは、心を落ち着かせることが大事です。ひとりになる時間が必要です。

そのあと、願いがかなったところをイメージし、それを心の中であふれさせることが大事です。ネガティブな感情に対応しながら、成功のイメージもする、というように、同時にいろんなことをしようとしてもできっこありません。

理想のイメージに集中し、視野を広く、視座を高くすることで筋のいいアイデアも見つかります。私が価値ある人生を生きられているのは、ひとりの時間が長く、落ち着いて考える時間が単に長いからなのではないかと思うのです。

# 6章

# 一直線にゴールに向かう！

▼もう迷わない。 積極的精神で前進し続ける

# 64

潜在意識によって
成功せざるを得ないように仕向けられるのです。

▼▼▼「成功」という単語をくり返す効果は
バカにできない

## ■未来の繁栄に、過去は全く関係ない！

大成功した実業家の中には、「成功」という言葉を何度も何度もくり返して、成功を確信し、心に刻み込んだ人がたくさんいます。

成功という言葉は、成功に必要な要素のすべてを含んでいます。成功には、優れた能力、良好な人間関係の構築、質のいい情報の収集などたくさんのポジティブな要素が含まれています。

ただただ成功とくり返すことで、潜在意識は「自分は成功をつかんだ」と認識します。成功が現実であると認識します。

理想の状態を達成した姿をイメージしてください。成功と満足感に浸ってください。それは、潜在意識に刻み込まれ、あなたを成功せざるを得ないように動かしてくれます。

価値ある人生を生きるためには、過去のネガティブな記憶を引きずらないこと、過去の延長線上に生きないことが大切です。

あなたの未来の繁栄のために、過去は全く関係ありません。過去を断ち切るために最も効果的なのが、「成功」という単語をくり返し潜在意識に刻むことです。

「成功」というポジティブな情報だけ入れて、成功しかない世界を生きましょう。

# 65

あなたの精神的態度、
つまり、あなたの考え方、感じ方、信じ方が
あなたの運命を左右します。

▼▼▼ 人生を変える「因果の法則」、
もう一つの考え方

## ■未来はすでに、あなたの心が決めている!?

あなたの未来は、すでにあなたの心の中に記録されています。習慣的に考えていること、感じていること、信じていることが現実化します。

明日はあなたの潜在意識の中にあります。

来週、再来週、未来のいくつかあるパターンのひとつは確実に、すでに潜在意識の中にあります。

もし、あなたがポジティブな未来を信じていれば、いかなる災難もあなたにはおとずれることがないでしょう。心の中に、不幸な出来事が定められる要素がないからです。

「原因と結果の法則」、これを「因果の法則」と呼びます。いい原因があるといい結果が出る。悪い原因があると悪い結果が出る。

行動するから結果が出る。手術のトレーニングをする（原因）から、手術がうまくなる（結果）。これもいいのですが、こうも考えられます。

手術がうまくなると決める（原因）、そうすると手術のトレーニングをする（結果）。

理想の未来が実現すると決める（原因）、その実現のために考え、行動する（結果）。

こう考えて日々生活してみてはいかがでしょうか。

# 66

何かを努力している時にしあわせなら、
あなたは成功しています。

▼▼▼ 東大教授で蓄財の神の格言
「人生即努力、努力即幸福」

## ■努力を楽しくするコツ

人は自分の好きなことをするときに、能力を発揮するものです。心が喜びながら行動しているとき、潜在意識は成功を手助けしてくれます。

良い心の状態で成功に向かって前進していると、成功に必要な条件は自然と整っていきます。

成功者の話を聞けばわかるでしょう。

傍から見ればすさまじい努力をしているようで、本人は全く努力しているつもりがなく、楽しんでいることが多いのです。

私は勤務医だった頃、西葛西から千葉まで電車で通勤していました。移動時間は約50分です。

当時の私は、早く一流の歯科医師になりたくてうずうずしていました。行き帰りの電車の中では毎日、受講したセミナーの音声とテキストを見ながら通勤していました。勉強が楽しくてしかたがなかったのです。

東大教授で蓄財の神と言われた本多静六先生は、「努力を重ねるとうまくなり、うまくなると楽しくなる」という「人生即努力、努力即幸福」という考え方を持っていました。楽しい努力ができると、必ず成果は出るものです。

# 67

彼女は自分で「非常な不幸」と言っていたものを楽しんでいました。

▼▼▼ 人は、不幸のメリットを最大限に活かそうとする

## ■寄り添わなければならないが、わかってあげてはいけない

マーフィー博士は、あるときリウマチに苦しむ老人に出会いました。老人は「リウマチはいつも私を非常に不幸にする」と言います。

そこで、マーフィー博士は、潜在意識の法則を教えようとしました。「これを知ると、自分の健康に信念と自信を持てるでしょう」と伝えました。

しかし、老人は一切興味を持ちませんでした。

なぜなら、老人は息子や娘、近所の人から多くの気づかいをしてもらっていたからです。リウマチのせいで優しくされていたのです。これからも、親切にしてもらうためには老人にはリウマチが必要だったのです。心の底で、「不幸が必要」だと考えている人がいます。そういう人は、人生の問題を根本解決することはできません。

私たちは弱っている人がいると、寄り添い、わかってあげようとします。

しかし、潜在意識の法則から考えると、弱っている人に寄り添ってあげることは大事ですが、弱っている人の気持ちをわかってあげるのはよくありません。

あなたの心も弱くなるからです。もちろん、弱っている人にあなたは間違っているなどと言う必要はありません。しかし、ネガティブな状況を理解し、受け入れてしまってはいけないのです。寄り添うだけでいいのです。

# 68

潜在意識は録音機のようなもので、
その上に刻印されたものは何であれ、
忠実に再現することがおわかりになるでしょう。

▼▼▼ 一流は、つき合ったばかりの
パートナーのように接する

## ■心で思っていることは、言葉や表情や行動となる

潜在意識は、あなたが心の中で思ったことを刻み込み、そして実現させるように働きます。録音機と同じような働きをするのです。

たとえば、良い人間関係を築きたいのなら、自分が相手にこうしてほしいなと思うように、あなたも相手がこうしてほしいだろうなと考えながら、行動しましょう。

たとえば、上司と直接接する場合は礼儀をつくしていても、いなくなると心の中で批判していると、いい人間関係は築けません。

潜在意識の法則では、自分が相手を思ったように、相手もあなたを思うのです。

もう引退されていますが、有名なクラブの元トップの女性の方とコミュニケーション術についてお話しする機会がありました。

どんな方法があるのか興味深々だったのですが、その方の答えはとてもシンプルでした。「お客さんを、つき合いはじめたばかりの彼氏だと思って接します」。

自分の愛情が最高潮のときの彼氏に対して、どう話すか、どういう表情を見せるか、どんなことをしてあげるか、と考えながら接客していたとのことです。

まさに、心で考えていることが、相手に伝わり、お客さんに魅力が伝わっていたので大人気だったのだろうと思いました。

# 69

他人の言うことやすることが
あなたを苦しめたり
イライラさせたりすることは、
あなたさえしっかりしていれば、
実際にはあり得ません。

▼▼▼ イライラを起こす４つの要素とは？

## ■考えないことこそ、怒らない技術

あなたがイライラ、怒りを感じるのは、４つの段階を経た場合です。

1　他人から言われたことについて考え始める
2　腹を立てると決めて、怒りの感情を湧き起こす
3　行動すると決める
4　言葉や行動で、相手を攻撃する

怒るときは、思考、感情、反応、行動という順番を踏みます。

そう考えると、第一段階の「考える」（思考）ということをしなければ、怒りが湧くことはありません。

自ら怒りを生み出し、心を乱して、潜在意識に悪い影響を与えてはいけません。

性格のクセが強いな、と思う患者さんがいました。その方は、いろんな病院を転々として、いのうえ歯科医院にたどりつきました。

たしかに、ものすごくコミュニケーションに苦労しました。しかし、「私が拒絶したら、この人は一生おいしく物が食べられない」と考えると、イライラせずに丁寧に接しようと思えるようになりました。すると、患者さんも私たちに好意的になり、丁寧に接してくれるようになったのです。

# 70

ゴールへの第一ステップは
心の中での「アイデアの誕生」で、
二番目のステップは
その「アイデアの表明」です。

▼▼▼ 成功者も、みんな凡人だった

## ■アイデアを出し、アイデアを表現することで、凡人が成功者に変わる

どんな成功者でも、初めから成功していた人はいません。

どんな大経営者でも、初めは「こういう会社をつくろう」「こういう商品を売ろう」というイメージからスタートしたのです。

その思いを強くして、イメージを具体化していくことで、現実のものとしました。

アイデアを生み、それをリアルにイメージしていく。イメージをくり返し行ない、現実の世界で表現する。

そうして、思考は現実化し、ただの人が成功者になっていったのです。

恋愛でも同じです。たとえば、「あの人とつき合いたい」と思える人ができたときに、「どうしたらつき合えるんだろう」とリアルにイメージしておく。すると、実際に会ったときに、自然に相手のして欲しいことをやってあげることができます。

ただつき合いたいと思っているだけで何もイメージしていないと、相手に好意を寄せてもらえるような行動はできません。

あらゆる角度から、こうすれば好意を寄せてもらえるのではないか、とイメージして、実際に行動するから交際が成功するのです。

アイデアを考え、イメージし、行動することで、理想の現実は形づくれるのです。

# 71

## 欲望が強くなければ、
## 潜在意識の力もフル稼働できません。

▼▼▼ 欲しいものを遠慮なく要求するから、
潜在意識はフルに働く

## ■天井知らずの欲望を持っても、潜在意識はいつもあなたの味方

潜在意識には、どれだけ大きなお金を要求したところで、批判されることはありません。あなたが正直に欲しい金額を伝えれば、その金額が与えられます。

私たちは、欲とは見苦しいもので、抑え込むものだと考えています。つつましく生きることが美徳である、目標とすることだと考えているのです。

しかし、「つつましく生きる」ことが、真の思いであるはずがありません。「○○が欲しい」「○○したい」という願望があるはずです。欲しいという素直な気持ちを、はっきり命令すると潜在意識は働いてくれるのです。

欲を抑えることが美しい、ということを押しつけてくる人がいます。

欲が弱い人たちが増えると、利益を多く手に入れることができる人がいます。たとえば、従業員の給料を安く設定すると、儲かる経営者がいます。

欲がなく、競争に弱い人間が増えると得をする人間がいます。たとえば、本の作家でも、「作家など目指しても食えないよ」と言う人がいます。ライバルが少ないほうがいいから参入してほしくないのです。

あなたには、損する側、搾取《さくしゅ》される側になってほしくありません。欲しいものがあったら、獲得に動いてください。潜在意識はいつもあなたの味方です。

# 72

何か破壊的な習慣から自由になりたい
という切なる欲求をもっているならば、
あなたはすでに五一パーセント癒されています。

▼▼▼ 宣言が、悪習慣をやめるための感情を生む

## ■時間は有限！　なんとなく過ごす時間はムダでしかない

SNS、動画、お酒、タバコなど、多くの人が何かしらに依存気味になっています。悪習慣は当然やめるべきです。

とはいえ、力を抜いてください。「やめられない自分はダメ人間だ」などと思わないでください。

落ち着いて、悪習慣をやめると宣言してみてください。悪習慣をやめたいという気持ちを生むことができた時点で、やめるための大きな作業は完了しています。

やめたいという前向きな考えは、少しずつ大きくなっていきます。何度もやめたいと願うと、それはポジティブな感情を生み出します。

良い感情、良いイメージを潜在意識に刻み込むと、必ず悪習慣をやめる瞬間がきます。

なんとなく過ごしている時間は、ムダな時間だと言えます。リラックスするために動画を観るのはいいですが、なんとなく動画を観るのはムダです。

私たちの時間は有限です。また、年齢ごとにできることと、できないことが異なります。時間はとても大切なのです。

価値ある人生を送るために、やめるべきことはスッパリやめていきましょう。

# 73

## すべてを欲すれば、すべてが実現します。

▼▼▼ まずは自分を最優先に幸せにする

## ■「一点集中」もいいけど「すべて手に入れる」もいい

誰もが理想の人生を現実のものとする力を持っています。

潜在意識には、無限の可能性があり、願ったことは、いいこと悪いこと関係なく実現されます。

富を求めれば豊かになり、愛を求めれば愛が与えられます。

まずは自分が幸せになる。これが人生の最高の目的です。なんの遠慮《えんりょ》もせず、欲しいものをどれだけでも求めてください。

自己啓発書ではよく、一点集中の大切さが語られます。二兎を追うものは一兎をも得ず、です。明確に手に入れたいものがたった一つの場合、一点集中でいいでしょう。

しかし、他にも欲しいものがあるのなら、すべてを素直に欲したほうがいいと私は考えています。何かを我慢するという考え方は、心に苦痛を与えます。そうすると潜在意識は働きづらくなります。

一つしか手に入らない、複数を求めると何も手に入れることができない、と考えるのもよくありません。

「自分は特別。だから全部獲りに行く」、こう考えて、欲望のエネルギーをうまく使うべきです。現実的な目標だけを設定すると、人生も楽しくありません。

# 74

あなたの幸福にいたる道には
何の障害物もありません。

▼▼▼「ああ、またきたか。ということは、
私は成功しつつある」

## ■恐怖に慣れろ！

マーフィー博士は、ある新聞記事を読みました。内容は次のようなものでした。馬が道路にある切り株の所で、驚いて後ずさりしました。それから、その馬は、その場所で毎回後ずさりするようになりました。

飼い主は、その切り株を掘り起こして処分しました。道路は、切り株がなくなり、平らに、安全になりました。

しかし、その馬は、その後も切り株のあった場所であとずさりをし続けたのだそうです。馬は、切り株ではなく、記憶の力によって、あとずさりしているのだと考えられます。

私たちもこの馬と同じです。幸福にいたる道には、なんの障害物もありません。しかし、過去の記憶によって、恐怖や不安をわき起こし、前に進めなくなるのです。

過去の嫌な記憶を跳ね返すには、記憶が呼び起こされることへ慣れてしまうことが一番です。

未来に希望を持つと、「過去の情報が引き出されて、意識に上る仕組みがある」と認識してください。

「ああ、またきたか。ということは、私は成功しつつある」こう考えればいいのです。

# 75

ムッとして、腹を立て、不機嫌になる夫でも、
鋭い言葉を発したりせず、怒りを静め、
それどころか、思いやりを示し、
親切で丁重になることすらできます。

▼▼▼ パートナーを大事にすると
仕事仲間ともいい関係が築ける

## ■頭にきたときほど、愛情を持って接してみる

自分のパートナーに対して、否定的であったり、破壊的であったり、敵意をいだくと、潜在意識は、否定的な関係、破壊的な関係、敵対する関係を築くように働きます。そんなネガティブな感情を抱いたときは、いったん立ち止まることで心を浄化することができます。

ムッとしたときほど、一呼吸置いて、パートナーをほめてみてください。嫌悪感を消すのです。

不機嫌をやめて、朗らかに、思いやりを示し、親切に接すると、調和的な心の状態ができます。実はこうすると、パートナーだけではなく仕事仲間などとの関係にもいい影響ができます。

怒りを感じるのは、相手が自分の期待に応えてくれないときが多いものです。相手を思い通りにコントロールするために声を荒げたりしてしまうのですが、それは関係を壊す原因となります。

相手は相手で、「なぜ私の価値観をわかってくれないの？」と心の中で反発します。

あなたにとって大切な人なのですから、頭にきたときほど「今は余裕がないんだろうな」と、思いやりを持って、愛情を持って接するべきです。

# 76

私が講演のときに教えている
恐怖克服法を紹介しましょう。
それは魔法のようにききます。
試してごらんなさい。

▼▼▼ マーフィー博士の恐怖克服法とは?

## ■成功の感情を味わうと現実が変わる

マーフィー博士は『眠りながら成功する』の中で、恐怖克服法を紹介しています。たとえば、水が怖い場合。マーフィー博士は、1日3、4回、5～10分静かに座って、自分が泳いでいることを想像することをすすめています。水の冷たさや、体の動きまで感じてくださいと言っています。

ポイントは、「自分主体のイメージを、感覚レベルまで行なう」ということです。大切な商談があるのなら、成約するまでの道のりをイメージする。イメージの中でお客さんから拒否されてしまうこともあるでしょう。

しかし、くり返し、イメージの中で成約できるまで何度も想像してください。イメージの中で何度も成約することができると、実際にも楽に成約できると確信することができるようになります。

確信したことは潜在意識が現実化させてくれます。

イメージするときは、主体で行なってください。「私が」がポイントです。成功した自分を俯瞰《ふかん》して眺めるようなイメージでは効果が薄いのです。

潜在意識にイメージを刻み込むときには、感情の力を込めましょう。

# 77

どんな願望も思うままに
100%実現できます。

▼▼▼ ダヴィンチ、ゲーテの
才能を開花させた「思いの力」

## ■私の手の変化からわかる「信じ抜く」大切さ

潜在意識の力を信じ抜くこと。達成を100％疑わないこと。潜在意識はこういう状態のときに、最高に働きます。

成功、富、繁栄、健康、幸せ、なんでもいい。欲しいものを強く願いさえすれば、潜在意識の力は最大限に引き出されるのです。

ダ・ヴィンチは最高の絵画を描きたいと強く思った。ゲーテは最高の作品を書きたいと強く思った。

強い思いが、天才をつくるのです。強い思いを具体的に映像にして、それを毎日潜在意識に送り届けてください。

思いがあれば、才能も、能力もあとからついてきます。思いがあって一生懸命働いていると能力が高まり、才能が開花するのです。

私はとにかく手術の練習をたくさんこなしました。一流になれると信じたからです。普通の練習では満足できず、リアルな練習をするために、お肉屋さんに行って、豚の顎骨《がっこつ》を買ってきて、それを使いながらトレーニングをしたほどです。

「井上先生は器用そうな手をしていますね」と言ってもらえるようになりましたが、トレーニングを重ねることで、手術に対応した手になってきたのだと感じています。

# 7章

# 成功と幸福しかない世界を生きる!

▼あなたは欲しいものをすべて手に入れられる

# 78

成功への三段階を吟味してみましょう。

……

第三段階が最も重要です。

あなたのやりたいことが

自分の成功に利するだけのものでないことを

確信しなければなりません。

▼▼▼ 成功の3ステップ目は特に重要！

## ■目標に他者や社会を含めると、より大きな報酬が得られる

マーフィー博士は、成功するには3つの段階があると言います。

第一段階は、自分の好きなことを見つけて、それを行なう段階です。自分の仕事を愛し、熱心に行なうことで、成功へ近づきます。

第二段階は、自分の専門分野を決めて、誰よりも詳しくなる段階です。特定の分野の専門性を伸ばすと決めて、学び、実践することです。

第三段階は、自分の成功が、他者のためになると確信する段階です。

あなたにとっての成功には、他者に利益を与える、社会に貢献する、という要素が含まれているべきです。そうすると、より大きな報酬があなたに与えられます。

私の第一段階は、歯科医になると決めて大学に入ることでした。そして、大学院を修了し、歯科医となりました。第二段階は、インプラントを主体とした治療をすると決めて、国内外で勉強を重ねました。第三段階は、より多くの人を助けるために、京セラさんと一緒にインプラントの開発をしたり、ニューヨーク大学のインプラントプログラムを行なったりしました。

意識してはいませんでしたが、この三段階を踏んだから、私は歯科医として満足いく状態をつくれているのだと思います。三段階を意識すると、成功が近づきます。

# 79

## あなたが恐れていることも大部分、現実には存在しないものです。

▼▼▼ 自分への勘違いが、恐怖を増幅させる

## ■時には「期待など応えなくていい」と割り切る

「幽霊の正体見たり枯れ尾花」と昔から言われています。

怖いという気持ちを持つと、何でもないものまで恐ろしいものに見えてしまうことで、逆に、恐ろしいと思っていたものも、正体を知るとなんでもなくなります。

恐怖とは心の状態のひとつでしかありません。ということは、あなたは自分自身が考え出した幻想に恐怖しているのです。

恐怖のイメージを消し、プラスのイメージをすれば、恐怖はだんだん小さくなるのです。過去の恐怖、未来の恐怖、そんなものは今とはなんの関係もないことに気づいてください。恐怖の正体を知り、今の感情が変われば、未来も変わります。そして、過去への解釈までも変えられて、潜在意識にとっていいことだらけです。

恐怖を大きくする原因のひとつに、自分へ大きな期待がかかっていると過度に思い込んでしまうということがあります。

仕事でもスピーチでも、相手はあなたのありのままの能力の発揮を求めています。それ以上を求めることは実はあまりありません。

時には「期待など応えなくていい」くらいに割り切って、気負わずに、できることだけやる、と気楽に考えれば恐怖も薄らいでいきます。

# 80

「私はいま、日々、豊かになっています」
「私の現状は日一日と改善されつつあります」

▼▼▼ 「つつある」という
心に摩擦を起こさないアファメーション

## ■自分に嘘をついていない感覚を演出する

成功に向かっている段階では、「この先どうなるのだろう」「がんばったところで結果が出るかどうかはわからない」と考えてしまうものです。

そんなときは、「○○しつつある」「○○しているところです」という言葉を使ってみてください。

私は成功しつつある。

私は成功しているところです。

これなら嘘をついているわけではないので、心に抵抗が起きません。

現状、貧しい人が「私は豊かさに満たされ、なんの不自由もありません」というアファメーションをしても、「本当は足りないけどね」と思ってしまうでしょう。

今を肯定し、さらに良くなっていく予感を自分に持たせるのが「つつある」「しているところです」というアファメーションなのです。

私は死ぬときも「前に倒れて死にたい」と思っています。死ぬまで成長し続けたいと思っています。

「つつある」「しているところです」というアファメーションは、人生、生きている間、前進のエネルギーを自ら生み出し続けるための言葉です。

# 81

「試験が終わったら
その答えを思い出したのですが、
試験中はその答えが出てこないのです」

▼▼▼
失敗のイメージをくり返すと、
記憶すら失ってしまう

## イメージで想定内をどんどん増やしておく

「覚えたはずのことが思い出せない……」、試験のときによくあることです。こういう人は多いようですが、この原因は恐怖の感情にあります。

失敗するのではないかという恐れが、潜在意識を働かせ、現実をつくったのです。特に試験前はネガティブになりやすいので、失敗するための暗示がどんどん潜在意識に入っていきます。

とても優秀な人が、プレゼンでは力を発揮できない、ということも同じことです。

恐怖のイメージをくり返ししてしまったとしても、気にしてはいけません。たとえば、プレゼンが成功して同僚から「おめでとう」と言ってもらっているイメージをしてみる。このように、良いイメージで恐怖のイメージを塗り替えていけばいいのです。

ここ一番の前の1週間は、とにかくうまくいくイメージを持たなければなりません。「難しい瞬間が必ず来る。しかし、今まで頑張ってやってきたんだから、どんな瞬間もなんとかやれる」というイメージを潜在意識に刻みましょう。

難しいことが起こるのは想定内で、それすら乗り越えられるとイメージするのです。

# 82

いろいろな点で
へたに彼女を変えようとしても、
彼女とあなたは異質な存在です。

▼▼▼ 相手を変えようとしない。
自分の器を大きくする

## 率先して愛情を与えてみる

当り前ですが、あなたとパートナーは違う人です。相手を自分のように変えようとするのは、悪手でしかありません。

変えられるのは自分だけ。彼女を変えられるのは彼女だけです。彼を変えられるのは彼だけです。

自分を振り返ってみてください。自分にも欠点がたくさんあるはずです。

自分の思うようにパートナーを変えようとするのは、争いを自らつくり出すようなものです。相手を変えようなどと思ってはいけません。

たとえば、連絡をすぐ返してくれなくて相手に不満があるかもしれません。しかし、求めすぎると相手にとってはストレスになります。もしかしたら、忙しくて連絡がなかなか返せないのかもしれません。

相手の状況を理解してあげること。そして、それを受け入れること。

あなたが大きな器で相手を包み込んであげるから、愛情のあるつながりが築けます。

まずは、あなたが先に愛情を与えて、いい関係をつくってください。

あなたの希望を伝えるのはその後です。あなたの愛情が相手に伝わっているのなら、相手もあなたの要望に応えたいと思うものです。

# 83

## あなたには裕福になる権利があります。

▼▼▼ あなたは、
たくさんのお金をもらう価値のある人間です

## ■あなたの市場価値は、自己査定の4倍の価格

お金は汚いもの、悪、とみなしてはいけません。貧しく暮らすことが尊い、と思い込んでもいけません。お金があると、人生はより上質なものとなります。清潔で上品な人生を送れます。良い教育も、お金があるから愛する人に与えられます。

お金はとても大切なものなのに、多くの人が適切な報酬を得ていません。お金にうるさいのは卑しい。ほどほどにもらえばいいと、遠慮しています。何ものにもしばられない私たちは、無限の富を手にできます。遠慮なく、お金を受け取ってください。

たくさんもらうことにブレーキがかかる人は、自信がない人です。あなたはもらう価値がある人間です。自信を持ってください。

ある人から、「企業研修の依頼があったのですが、こんな経験初めてで、報酬はこのくらいですかね」と相談されたことがあります。

私はその方に、「私があなたに研修してもらうのなら、その4倍の額をお支払いしますよ」と伝えました。その方は、自分の価値に半信半疑だったようですが、その金額を企業に伝え、その金額をいただいたのだそうです。

自分の価値は高い、こう自信を持って、自分を安売りしてはいけません。

# 84

# もう答えは得ているのだと信じて眠りなさい。

▼▼▼ 答えはすぐに与えられる。
問題を大きく捉えすぎていないか？

## ■トップ営業マンの口癖が「楽観的にいこう！」である理由

毎晩、自分の抱えている問題を潜在意識に引き渡して眠ってください。そうすると、潜在意識はその解決法を猛烈に探し始め、あなたに示してくれます。

ただし、答えが見つかるまでには、時間がかかるときがあります。

それは、あなたが問題を大きく捉えすぎていて、「解決策を見つけるには時間がかかるだろう」と思っているときです。

解決策は、苦労して考えた後、時間をかけた先に見つかると考えなくていいのです。潜在意識を使いこなすと、答えは短期間であなたに与えられます。

私の尊敬する営業マンの口癖は「楽観的にいこう！」です。

心配事の多くは実際には起こりませんし、直面する問題も解決できる場合がほとんどです。これがわかると、人生は楽観的に生きてもいいように思えてきます。

問題を過大評価する必要はありません。何かを成し遂げるために問題は起こるのです。問題がなければ、何事も成し遂げられません。

成功と問題は切っても切り離せない関係なのです。「意外と簡単に問題は解決される」、こう思って日々生きていれば潜在意識は働いてくれます。

# 85

あなたの中には、
悪いものなどひとつも存在しないのです。

▼▼▼
あなたは善い人。
だから、すべてを手に入れられる

## ■邪悪さを消すための目標設定の一工夫

良い人生とは、お金だけでは実現できません。お金を持ちつつ、他のこともバランスよく手にしていなければなりません。

心や精神のバランスを失うと、さまざまなものを失うことになります。健康も愛も、そして最終的にはお金も失ってしまいます。

欲求は間違った方向に向けるとよくありませんが、人間は１００％邪悪なわけではありません。あなたは成功しても善行を行なえます。成功者は悪人だなどと考えてはいけません。すべてを取りに行くと決めるから、潜在意識も働くのです。

誰かを損させて、誰かをだましてつかむ成功に意味はありません。それは、必ず自分に返ってきます。

しかし、正当な努力をして、欲しものをつかむことに遠慮はいりません。

あなたのやることが、組織や他人に損害を与えないのなら、何をやっても、何を得てもいいのです。

あなたの心が邪悪にならないために、組織や他者へ利益を与える目標を設定してみてください。そうすれば、あなたは善行をしながら、あらゆるものを手にできます。

# 86

今もう問題が解決していたら
感ずるである感覚を味わいなさい。

▼▼▼ 「感情を味わう」ことで
問題は解決される

## ■ありのままを表現するだけで、自分に100点をあげる

八方塞がりのとき、人は不安になります。恐怖や心配によってがんじがらめになっているときは、何も考えることができません。何の変化も起こせません。

不安になったときほど、建設的な考えをすることが大切です。

恐怖や心配から自分を解放するには、まず問題に向き合います。

その後、それが解決したときの気分を味わいます。くつろいでその気分にひたるのです。そうすると潜在意識は必ず答えを与えてくれます。

もし、なかなか答えが与えられないとしても、気にせずに他のことに集中してみてください。ひょんなときに、答えが与えられます。

大きな会場で講演するときは、楽しみである一方で少し怖くもあります。「私は大勢の人々を楽しませることができるのだろうか」と考えてしまうのです。

しかし、不安を感じすぎていると、参加者の方々が喜ぶ顔をイメージすることができなくなります。不安な感情は、ネガティブな結果しか生み出せません。

自分以上のものを出さなくていい。みんなは今の自分に満足して来てくれるんだから、ありのままの自分を表現すれば必ず喜んでくれる。こう、イメージするようにしています。不安なときほど、自分に肯定的になるべきです。

# 87

念じはじめて間もないうちは、この悪循環から抜け出すために、顕在意識と潜在意識の両方で納得できる言葉を選びましょう。

▼▼▼「私はお金持ちだ」という暗示が効くとき、効かないとき

## ■「自分の口の中に入ってみる」イメージトレーニング法

「豊かさが流れ込んでくる考えを潜在意識に植えつけるには、1日に3、4回、寝る前などに5分ほど、『お金がいつも私の人生をめぐっている。いつも天の恵みがある』と唱えましょう」。こうマーフィー博士は言います。

窮地にあるとき、お金持ちではまだないとき、「私はお金持ちだ」「私は豊かだ」と唱えてもあまり効果がありません。「本当はそうではない！」と思うからです。

潜在意識は、2つの考えや感情があるとき、強いほうを取り込み、実現させます。

もし、逆向きの感情が起こるのでしたら、言葉を唱えるのをいったんやめて、イメージの力を借りてみてください。今お金持ちだと思うのではなく、将来お金持ちになっている自分をイメージしてみてください。

そのとき、鮮明なイメージをしてみてください。潜在意識により詳しい指示を送るためです。

私は歯科医になりたての頃、よく自分の口の中にいるイメージをしていました。上の歯を見て「こんな形なのか～」と想像したものです。

あなたもいろんなイメージを、たくさんしてみてください。イメージ力が高まると潜在意識の働きも良くなります。

# 88

許すという技術において最も肝要な点は、
喜んで許すということです。

▼▼▼
許すと決めた時点で、
許す作業の半分以上は完了している

## ■腹が立ったら「相手のかわいい点」を探す

ある方から、彼氏が私の過去のＳＮＳの投稿を見ながら、イチイチ元カレとのことを聞いてきて、腹が立つと相談を受けました。

私は、今度言われたら反論などせず、「私のことが大好きなんだね。２人で幸せになろうね」と思ってみてください、とお話ししました。

その方は、それからというもの、彼氏のことをかわいく感じるようになり、許せないという怒りが湧いてくることがなくなりましたと、報告してくれました。

人を恨むことは大きなエネルギーを消費しますし、潜在意識にも良くない影響を与えます。

許すことに喜びを感じましょう。それで、あなたは恨みの感情から解放されるのですから。許すと決めた時点で、許す作業の半分以上は完了しています。

相手を好きになる必要はありません。マーフィー博士は、好きになるのは難しいが、愛することはできると言います。愛するとは、相手の健康、幸福、平和、喜びなどに対して、ポジティブな祈りをすることです。これは、相手のことを祈っているようで、自分のために祈っていると言えます。人を許すとは、自分をとらわれから解放し、豊かな人生を送る土台をつくることになるからです。

# 89

「豊かさへの王道」を歩もうとするなら、
他人の行く道に障害物を置かないことです。

▼▼▼ この方法で嫉妬を捨てられると、
人生がうまく回り出す

## ■なぜ、元恋人の幸せが許せないのか？

自分に自信がある人は嫉妬しません。

昔、つき合っていた相手に新しい恋人ができたことを知ると嫉妬してしまう人は多いようです。これも、自分に自信があると、「ああ、幸せにやっているんだな」と流していくことができます。

嫉妬が芽生えたら、小さな新しい習慣を1つ始めてみてください。昔のパートナーがスタイルの良い人とつき合ったことを知って嫉妬したのなら、自分も体を鍛えるトレーニングを始めてみるのです。

日々自分が成長していると、小さな自信を積み重ねることにもなりますし、嫉妬することもなくなっていきます。

マーフィーの絶対法則に「作用、反作用の法則」があります。心の動きが作用で、それに応じて外の世界が変化する、これが「反作用」です。単純に言うと、「悪口を言うと、あなたにとって悪い世界が現実化する」ということです。

豊かな人生を順調に歩むためにこの法則を使うのなら、人に嫉妬したり、恨んだりしてはいけません。

# 90

最も幸福な人は普通、
成功者として生活する技術において
最善の人です。

▼▼▼ 成功者は、上質なインプットをし、
効果的なアウトプットをする

## ■「成功につながるのか？」、この意識がゴールにつながる

幸福な人は、自分の中にある最も良い知識や能力を引き出して、それを使いながら生活しています。

幸福な人は、成功するための技を知っているということです。

潜在意識は、最善のものを引き出し、あなたの目の前に用意してくれます。外からのネガティブな情報に惑わされることなく、いい心の状態であることが大切です。

そして、知識の貯蔵庫から最善のものを引き出しながら、成功を成し遂げてください。

成し遂げたいことがあるのなら、「この考えは、成功につながるのか？」「この行動は成功につながるのか？」と、常に自問自答することです。

するとムダなことをしなくなります。この自問自答は、潜在意識に話しかけているという側面もあり、ゴールに一直線に進むように暗示をかけているとも言えます。

自問自答を行なわないと、好奇心だけで動いてしまうので何も得られません。

「この勉強はどう使えるか？」「この情報はどう使えるか？」、こう考えてみてください。有意義な学び、アウトプットができます。

# 91

繁栄と成功の法則が絶対であると
心から信じましょう。

▼▼▼
潜在意識を働かせれば、
人生の成功は確約される

## ■あなたの欲しいものをすでに得ている人がいる。だから、あなたも必ず得られる！

「潜在意識を働かせれば、富が手に入る」、こう信じてください。前向きな心でいれば、望みは必ずかなうと信じてください。

理想を実現するために、心をいい状態に保ちましょう。恐怖や不安、嫉妬など、不安な気持ちは手放してください。

成功を願った直後に、心がそれを否定するようでは、何も得られません。

あなたの欲しい結果を得ている人はいませんか？　あなたの欲しい収入を実現している人はいませんか？

すでに大勢の人が、あなたの欲しいものを得ています。そう考えると、あなたが欲しいものは獲得できるものなのです。

手にできるかどうかは、思いの強さにかかっています。

本当に欲しいのなら手に入る。「手に入ればいいな」という程度の気持ちなら手に入らない。思いが強ければ、手に入れる方法は必ず見つけ出せます。

「達成できないかもしれない」という自分を疑う気持ちは、エネルギーを下げるので、持つべきではありません。前進あるのみです。

# おわりに

本書を最後まで読んでいただき、ありがとうございます。

私が本書で言いたかったことは、

「自分を信じよう」

「過去にとらわれることをやめ、未来に希望を持とう」

「願望を意識する回数を増やそう」

ということでした。

それが、潜在意識の無限の力を引き出し、フルに働かせる秘訣だからです。

私は歯科医という職業柄、何事も、緻密《ちみつ》な戦略、戦術、計画を立てます。手術も、経営も、これがなければうまくいきません。

当然、そのおかげで成果が得られます。しかし、これは必要最低限の成果であり、必ず出し続けなければならない成果であり、過去の延長線上にある成果です。

こういう成果を得ながら、大きな成果を得るチャンスつかんでいくことで、人生の価値は上がっていきます。

私は人生の要所要所で、「想像できないほどの大きな成果」をいくつか得てきました。

新しい挑戦では、戦略、戦術、計画がなかなか機能しません。

「ニューヨーク大学のインプラントプログラムを行なう」「企業と組んでインプラントの開発を行なう」「著書をベストセラーにする」「1000人規模の講演会を成功させる」

これらは、何をどうすれば達成できるのかがわからない目標でした。しかし、私は満足いく成果を得ました。

絶対に達成できると信じる。潜在意識が働くように、ポジティブなイメージをくり返す。懸命にやってみる。

潜在意識の法則に従って実行する。そうすると、圧倒的な成果が得られます。

思い出したときでいいので、毎日1項目、1分間だけでも本書を読み返してみてください。すると、自分を信じられるようになります。未来に希望を持てます。願望を意識する回数が増えます。

あなたは、必ず願望をかなえられます。自分を信じて進んでください。

井上裕之

## 参考文献


『眠りながら成功する』
（ジョセフ・マーフィー 著／大島淳一 翻訳／三笠書房）
『眠りながら巨富を得る』
（ジョセフ・マーフィー 著／大島淳一 翻訳／三笠書房）
『マーフィー　世界一かんたんな自己実現法』
（ジョセフ・マーフィー 著／富永佐知子 翻訳／きこ書房）
『マーフィー　眠りながら奇跡を起こす』
（ジョセフ・マーフィー 著／ジョセフ・マーフィー・インスティチュート 編／井上裕之 訳／きこ書房）
『自分を信じて』
（ジョセフ・マーフィー 著／矢野ふみ 翻訳／青志社）

本書の製作には、ジョセフ・マーフィー博士、翻訳者の渡辺昇一様（ペンネーム・大島淳一）、富永佐知子様、矢野ふみ様の、すばらしい書籍を参考にさせていただきました。感謝いたします。

また、三笠書房様、きこ書房様にも感謝いたします。

本書を読んで、ジョセフ・マーフィー博士の人生、成功哲学に興味を持たれた方は、ぜひ参考文献も読んでみてください。

# 井上裕之（いのうえ・ひろゆき）

歯学博士、経営学博士、セラピスト、経営コンサルタント。医療法人社団いのうえ歯科医院理事長。

世界初のジョセフ・マーフィー・トラスト公認グランドマスター。

1963年北海道生まれ。東京歯科大学大学院修了後、世界レベルの技術を学ぶためニューヨーク大学、ペンシルベニア大学、イエテボリ大学で研鑽を積み、医療法人いのうえ歯科医院を開業。

いのうえ歯科医院の理事長を務めながら、東京医科歯科大学、東京歯科大学非常勤講師、インディアナ大学客員講師、ニューヨーク大学歯学部インプラントプログラムリーダーなど、国内外の7つの大学で役職を兼任している。

その技術は国内外から評価され、最新医療、スピード治療の技術はメディアに取り上げられ、注目を集める。

本業のかたわら、世界的能力開発プログラム、経営プログラムを学び、独自の成功哲学「ライフコンパス」を編み出し、「価値ある生き方」を伝える著者として全国各地で公演を行なっている。

『RESET［リセット］』（きずな出版）、『【1日1分中村天風】人生のすべてをつくる思考』（青春出版社）など著書85冊、累計130万部を突破。

カバー・本文デザイン……足立友幸
編集協力……森下裕士

# 潜在意識マスターの教え
## ジョセフ・マーフィー91の金言

二〇二三年十二月三十一日　第一刷発行

著者……井上裕之
編集人　発行人……阿蘇品 蔵
発行所……株式会社青志社
〒一〇七－〇〇五二　東京都港区赤坂5－5－9　赤坂スバルビル6階
［編集・営業］
TEL：〇三－五五七四－八五一一　FAX：〇三－五五七四－八五一二
印刷・製本……中央精版印刷株式会社

ISBN 978-4-86590-170-2 C0095